いのち輝く新時代のMATSURI

銀河の塔

芸術家 大志

絵　藤井由美子

VOICE

はじめに

Imagine.
想像してごらん

君は、今、
星が最も美しく見える場所に来ている。
見上げれば、そこには、満天に輝く星たち。

この一つひとつの小さな星は、
じつは、燃え盛(さか)る大きな太陽なんだ。
あまりにも遠くにあるから、
星は、点にしか見えない。
しかし、君たちの太陽系のように、
その一つひとつの星の周りには、
見えないたくさんの惑星(わくせい)や、
月のような衛星(えいせい)がたくさん存在している。

どんなに美しい星空でも、
肉眼では、2000個ほどの星しか見えないけれど、
天の川銀河は、2000億もの太陽系たちの大きな渦で
できあがっている。

君たちは、天の川銀河の中に存在する、
ひとつの太陽系の第3惑星「地球」という星で
生きている。

君たちの銀河系には、
地球と似たような、海や陸、大気があって、
生命誕生の可能性がある惑星は、
数百万以上あるんだ。

さらに、この宇宙には、
こういった銀河系が、1兆個以上はある。

宇宙に、これほどの星があるのに、
地球外の知的生命体が存在しないなんてことは、
ありえないでしょ。

じつは、この広い宇宙には、君たちの文明より、
数万年、いや数億年、
進化している星が、たくさんある。

宇宙は、君たちの知らないことばかりだ。
君たちが知っている常識は、
数万年の歴史にすぎないからね。

“銀河の祭り”は、すでに始まっている。

多くの星が、開星している。
だから、心を開いて、
宇宙のみんなに聞けばいいんだよ。

「なぜ、僕は生まれたの？」

「死とは、なに？」

「宇宙って、なに？」ってね。

地球も、開星する時がやって来た。
みんなと一緒になって、星をひらく。
これは、宇宙の歴史の中でも、
もっともエキサイティングな瞬間なんだ。
世界がひっくり返る大感動を、
宇宙のみんなも待っている。

ようこそ、新時代へ

ピノ

Contents

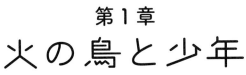

第1章
火の鳥と少年

「目覚めなさい」

遠くから、やさしい声が聴こえる。

透き通るような、美しい音。

胸の中が、どこかワクワクするような、心地よい響き。

今は、朝だろうか。

僕は、そっと目を開けた。

しかし、光が眩しくて、すぐにまたギュッと目を閉じた。

薄目を開けて少しずつ目を慣らすと、

火が燃えているのだとわかった。

たき火かなにかの火だろうか、

それにしては明るすぎると思い、

少しの間、じっと目を凝らすと見えてきたのは、

きらきら輝きながら燃え上がる、火の鳥だった。

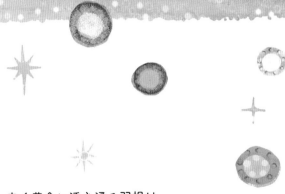

赤く黄金に透き通る羽根は、
噴き出すマグマのようで、
その瞳はまるで、
世界中の宝石が次々と光り輝いているかのように、
見とれるほど美しいものだった。

「目が覚めましたね」
落ち着いた、柔らかな声。
火の鳥が僕に話しかけているようだ。
周りを見渡すと、あたりは真っ暗でなにも見えない。
ここはまだ夢の世界なのだろうか。
もう一度あたりを見渡すが、風もなく、星も見えない。
どこかの室内にいるのだろうか。

「ここは、どこですか」と、僕が尋ねると、
「いずれわかります」と、火の鳥は静かに答えた。

「目覚める時がきましたよ」

火の鳥は、両翼（りょうよく）を優雅（ゆうが）に広げた。
すると、赤と黄金がきらきらと星のように瞬（またた）いた。
火の鳥の輝きは、
僕の周りをさらに明るく照らした。

気がつくと、自分のすぐそばには、
なぜかエスカレーターがあった。
それは、ゴウンと音を立てて動き出した。
僕はびっくりした。
どこか上へと続いているようだが、
火の鳥の輝きで照らす範囲（はんい）は、
エスカレーターのその先を見るにはまだ小さかった。

「さぁ、乗りなさい」と、火の鳥は言った。
「はい、でも…。どこにつながっているのですか？」
僕は、少し戸惑(とまど)いながら尋ねた。
「今にわかりますよ」
そう言うと、火の鳥は、上空へと羽ばたいた。

エスカレーターのすぐとなりには、
天まで突き上げるほどの大木(たいぼく)があり、
その樹に沿ってジグザグに上へ上へと
つながっているようだ。
僕は、勇気を出してエスカレーターに乗ってみた。

すると、周りからさまざまな生き物の声が聴こえてきた。
火の鳥がその樹の枝にとまり、
火の鳥の周りが照らされると、
僕はその光景に驚(おどろ)いた。
美しい青い海の中を、
色とりどりの生き物が泳いでいる。
すべての生命が黄金に輝いていた。

あそこで、泳いでいるのは、カブトガニ。
大きな貝殻をかぶったイカのような生き物、
あれは、アンモナイトだ!!!
下のほうには、海藻(かいそう)が生い茂り、
巨大なイソギンチャクが黄色や緑に不気味(ぶきみ)に光っていて、
三葉虫が幹を駆け巡り、
青白く光るクラゲがぷかぷかと漂(ただよ)っている。

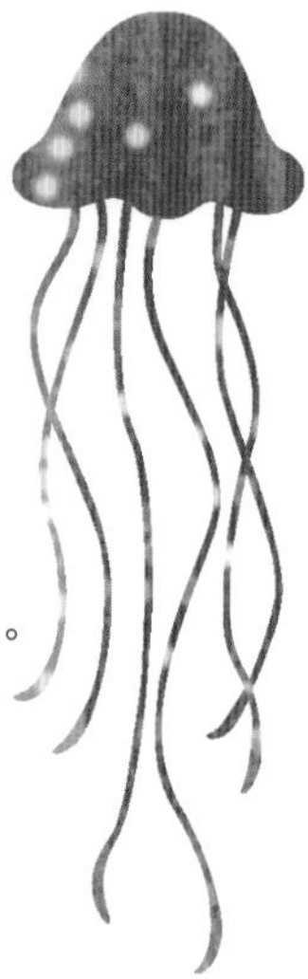

この世界は、僕がよく読んでいる古代の生き物図鑑(ずかん)と同じ。
そう、ここは、カンブリア紀だ。
火の鳥は、さらにその上の樹にとまり、
明かりを照らしてくれているようだった。
この間にも、エスカレーターはジグザグに折れながらも、
ゆっくりと進んでいる。
そしてさらに上を見ると、
硬(かた)いうろこに覆(おお)われた古代の魚たちや、
シーラカンスも泳いでいる。
僕はタイムスリップして、
古代の生き物たちとふれあっていた。

火の鳥がさらに上にある大きな樹の枝に止まった、
まさにその瞬間、
「ゴォ、ゴォォォォ──」と、
耳をつんざくほどの爆音に、僕はビックリした。

よくよく見ると、
プテラノドンなどの翼竜（よくりゅう）が、空中を飛び、
ブロントザウルスは、長い首を雄大に動かし、
こちらをジロリと見おろした。
ここは、僕にとって最高にエキサイティングな空間だった。
さらに、上に進むと、
見たことのないほど大きなトンボが飛んでいて、
カエルやトカゲや鳥たちなど、さまざまな生き物で
周りはにぎやかになっていた。
さらにその上の樹の周りには、
ゴリラやテナガザルやチンパンジーが、そこにいた。
僕は見惚（みほ）れていると、次の瞬間、
火の鳥は一気に、大きく燃え上がった。
すると、あたりがより一層明るく照らされ、
この空間の全体像が見えてきた。

やはり、ここにあるのは、1つの大きな樹だった。
ずっと、ずっ〜と、
枝分かれしながら上に伸びていた。

火の鳥は、やさしく語りかけた。

「あなたは以前、アメーバでした。
魚類だったし、両生類だったし、爬虫類でした。
鳥だった頃は、高い青空を旋回して、
ずっとずっと遊んでいて、
クジラだった頃は、深海まで潜り、
世界中のクジラたちと話をしていました。
どの命も、次なる進化を夢見て、
一つひとつの命が死なずに、
次の命をつないだことで、今のあなたへと、
辿りついたのです。

※この進化の系統樹はイメージです。

生きているだけで、
あなたは万物（ばんぶつ）から応援されています。

この生命の樹すべてが、本当のあなた。

あなたは、みんなの“ゆめ”であり、
みんなの“いのち”なのです」

僕の目には、涙があふれてきた。

みんなつながっているんだなぁと感じ、
「いのちって、でっかいね」と言ったら、
火の鳥は、やさしく微笑（ほほえ）んだ。

「なぜ、僕はここにいるの？」

僕がそう発した瞬間、突然、
僕の頭にぎゅっと締（し）め付けられるような激痛（げきつう）が走り、
少しずつゆっくりと、映像が浮かび上がってきた。

僕は、仲良しの友達と一緒に、
自転車でそろばん教室から帰っていた。
坂道に差し掛かると、
友達は、僕を追い越し、振り向きざまに、
「家まで、競争だ！」とけしかけてきた。
友達は、勢いよく坂を下っていく。
僕も負けじとあとに続いた。
坂を下り切った十字路を、
友達は、ノーブレーキで右折していったんだ！
見通しの悪い交差点で、
いつもの僕なら必ず一時停止するはずなのに、
右折できた友達を確かめて、
そのままの勢いで、友達のあとに続いて僕も右折した。

「無敵のスーパーヒーローに、僕はなる!!!」

すごく怖かったが、勇気を振り絞り曲がりきった。
その瞬間、すごい音とともに、
友達の体が、自転車ごと宙を舞った。
ジャングルジムよりも高く飛んでいる友達の様子を、
スローモーションで見ながらも、
僕はそのまま、
勢いが止まらずスピードにのって車に突っ込んでいた。
目の前に、クラクションが鳴り響いた。

「ヤバい!!」

僕はハンドルを切り、車を避けようとしたが、
スピードに乗った自転車はバランスを崩し、
車の目の前でバタンと倒れた。
僕は自転車と一緒に、車の下に潜り込んだ。

ガチャドバァァ――ン

「痛っぃぃーーーーーーーーい」

目の前が真っ暗になり、

ガビビイギギガガチァァーーーン

自転車がつぶれるものすごい音がして、
僕はそのまま車に引きずられた。

次の瞬間、僕は、
ベッドで寝ている自分を部屋の隅からじっと見ていた。
泣き叫ぶ母親や医者の様子から、
自分が意識不明の重体だということは、すぐにわかった。

こんな状況にもかかわらず、
不思議なほどに冷静だった。

僕はこのまま死んでしまうのだろうか……。
だとしたら、なぜ、生まれたのか？
９歳で死ぬなんて、嫌(いや)だな。

誰か、助けて！　助けて！
助けてよ──!!!

ガンガンとなにかで叩かれたように頭が痛くなり、
目の前が真っ暗になった。

「ぼく、死んだの？」
僕は、急に不安になって、火の鳥に尋ねた。
「あなたは、生と死のはざまにいます」
火の鳥は、静かに答えた。

「あなたは、神さまですか？
もしそうだったら、生き返らせてください。お願いです！」
僕は、堰を切ったように泣きだした。
「あなたには自覚がないと思いますが、
ここに来ることを、選んだのは、あなた自身ですよ」
火の鳥は、相変わらず落ち着いたまま、
なにかの確信を持っているかのように、僕に言ったが、
なにが起きているのか、僕にはまだ、よく理解できなかった。

「願いを叶えるためにここにきました。
あなたの夢は、なんですか？」

「無敵のスーパーヒーローに、僕はなる！」

第２章
芸術家 岡本太郎

「ところで、ここはどこ？」
僕は、火の鳥に尋ねた。

「太陽の塔です」

「太陽の塔？」

すると、僕の頭の中に変わった塔が見えた。
それは、表に顔が２つ、裏に顔が１つあって、
不思議な形をしていた。

「それが、太陽の塔です。
その顔は、それぞれ、
現在・未来・過去を表していて、
『いのちの根源とは、なにか？
壮大なる宇宙とは、なにか？』を、
私たちに問いかけているのです」

僕は、壮大なる宇宙論や進化論が大好きだったから、
太陽の塔にとても興味を示した。
宇宙図鑑や、いきもの図鑑なんて、何度だって読んできた。

「ここからは、少し難（むずか）しい言葉を使いますが、
感覚とイメージで聞いてください。
あなたなら、この不思議な世界の感覚にすぐに慣れ、
子どもであっても深く理解できるはずです。

太陽の塔とは、
1970年の大阪で開かれた
万国博覧会（ばんこくはくらんかい）（通称：万博（ばんぱく））のためにつくられた
高さ70mの巨大な建造物でした。
大阪万博のテーマは、“人類の進歩と調和”。
77カ国が参加し、パビリオン『アメリカ館』では、
前年にロケットで月にいくことが成功した際に、
宇宙飛行士が月面から持ち帰った『月の石』が展示されました。
宇宙と地球が、もっとも近づいた記念すべき万博でした。

アジア初の万国博覧会で、史上最大規模を誇り、
一日平均35万人が訪れ、総来場者数は約6500万人。
戦後の高度経済成長を成しとげ、
世界第2位の経済大国となった日本は、
過去最高の万博の動員数を集めたのです。

そんな万博の象徴となった『太陽の塔』は、
『芸術は爆発だ！』という言葉で有名な、
岡本太郎という芸術家がデザインしました。

彼は、
大阪万博のテーマプロデューサーになったにもかかわらず、
その当時の大阪万博のテーマ
『人類の進歩と調和』に対して、
まっこうから反対意見を持っていた変わった人でした。

岡本太郎という人間を、
あなたにはぜひ紹介したいのです。
彼の在り方こそ、
人類の目覚めにつながる第一歩を生きた人間でした」
ワクワクしている僕の表情をくみ取りながら、
火の鳥は話を続けた。

「真の意味で、太郎ほど本気で、
“人類の進歩と調和”を考えた人はいませんでした。
『万博とはなにか？』を突き詰め、
“万博とはイベントではない、祭りである”
と考えたのです。
そうして大阪万博の会場の真ん中に、
太陽の塔が出現しました。

つまり、
太陽の塔とは、
祭りを産み出すための
装置だったのです。

1970年、大成功で終わった大阪万博。
役目を終えたパビリオンたちが次々と壊(こわ)された中、
今もなぜか、太陽の塔だけが、
永久保存されることが決定され、
ひとり、そこに立っています。

大阪の万博公園に残された理由は、ただ一つ。

まだやるべきことが、
太陽の塔には残っているから。

太陽の塔は、**未完成**なのです。

本当の意味で、祭りは、
まだまだ始まっていないのです。
太陽の塔は、今も、
太郎の意志を受(う)け継(つ)ぐ者たちをじっと待っているのです。

岡本太郎は、こう言い残しています。

私の持論だが、『祭り』と『お祭り』とはちがう。
『お祭り騒ぎ』という言葉があるように、
とかく無責任に寄りあってわいわいやるだけに流れがちだ。
しかし『祭り』は根源の時代から、人間が絶対と合一し、
己を超えると同時に己自身になる、
人間の存在再獲得の儀式である。
極めて神聖な、厳粛な場でなければならない。

神聖感をあらゆる意味で失ってしまった時代に、
再び世界全体に対応した、
新しい『祭り』をよみがえらすことが出来たら。

岡本太郎

（『太陽の塔』平野暁臣 編著／小学館クリエイティブ）

つまり、『祭り』とは、

万物すべてと一体となって作り上げる、
大歓喜の爆発。
人間そのものが宇宙となり、
偉大なる自分を思い出す儀式のことです。

あなたに、ひとつ、お願いがあります。
太郎の意志を受け継ぐ者たちを、
できるだけたくさん集めてくれませんか？

いのち輝く新時代のMATSURIを巻き起こし、
世界をひっくり返すのです」

火の鳥の言葉を聞いて、熱い涙がいっぱいあふれてきた。
まさに、これが、僕自身、みんなとやりたかったこと。
これができたら、みんな無敵のスーパーヒーローだ。

そこで僕は、火の鳥に尋ねた。
「では、どうしたら、
新時代のMATSURIは、
太陽の塔から生み出されるんですか？」

「じつのところ、
当時の岡本太郎にもよくわかっていませんでした。

自分を呼ぶ、自分の存在を大きく超えた〝なにか〟に、
突き動かされるまま、
いのちをかけて、芸術作品を創作していたからです。

彼は、
『芸術家とは、シャーマン※である』
と言い切っていました。
インスピレーションを受け取ること。
万物の声を聞くこと。
あの世とつながる祭りを始めることを、大切にしていました」

※シャーマンとは、目に見えない世界や存在と現世をつなぐ役割。
メッセージを降ろしたり、祭司の役割も担う。

火の鳥は、僕をまっすぐ見つめながら、こう言った。
「ここで、太陽の塔について、簡単に説明します。

1970年当時、太陽の塔の入り口は、
まず地下につながっていました。
『カオスの道』と呼ばれるエスカレーターで、地下へ潜っていき、
いのちが誕生する前の世界へいざなわれ、
『いのちの進化』を擬似体験することができたのです。

地下から地上に上がると、太陽の塔の内部には、

『生命の樹』が待っている。

アメーバから、魚類、両生類、爬虫類、

恐竜、哺乳類へと枝分かれしながら、

40億年の生命史を体験し、原人へとつながっていく。

※この進化の系統樹はイメージです。

太陽の塔のエスカレーターを登りきった人は、
次に、太陽の塔の右手から外に出て、
地上30m上空にかけられていた
大屋根にある展示会場（未来）を見学してから、
エスカレーターで、地上に降りてくる。

“新しいあなた”がしっかりと着床（ちゃくしょう）する場所。
それが、『**母の塔**』でした。

母の塔は、“胎盤（たいばん）”をコンセプトに制作されたものです。

太陽の塔とは、
『偉大なる本当の自分』を取り戻すための
イニシエーション※装置だったのです。

※イニシエーションとは「通過儀礼」のこと。

さらにいえば、
母の塔を、第2の塔とすれば、
第3の塔にあたるのが、
『青春（せいしゅん）の塔』でした。

太陽の塔、母の塔、青春の塔。

この3つで三位一体であると、
太郎はとらえていました。
特に、“青春”こそが、
人間を進化させるもっとも大切な要素であると、
太郎は、本気で考えていたようです」

「青春って、なに？」
僕には、青春の意味がわからなかった。

「多くの人が、“青春”の本来の意味をはき違（ちが）えています。
岡本太郎が言う“青春”の意味をしっかりと知るために、
その当時、大変有名になった詩を、あなたに届けます」

すると、僕の胸の中から、詩が聞こえてきた。

青春とは

原作詩／サムエル・ウルマン 、自由訳／新井満

青春とは 真の 青春とは
若き 肉体のなかに あるのではなく 若き 精神のなかにこそある
薔薇色の頬 真赤な唇 しなやかな身体
そういうものは たいした問題ではない
問題にすべきは つよい意思 ゆたかな想像力 もえあがる情熱
そういうものが あるか ないか
こんこんと湧きでる 泉のように
あなたの精神は 今日も新鮮だろうか いきいきしているだろうか
臆病な精神のなかに 青春は ない
大いなる愛のために発揮される 勇気と冒険心のなかにこそ
青春は ある
臆病な二十歳がいる 既にして 老人
勇気ある六十歳がいる 青春のまっただなか
歳を重ねただけで 人は老いない
夢を失ったとき はじめて老いる
歳月は 皮膚にしわを刻むが
情熱を失ったとき 精神は しわだらけになる
苦悩 恐怖 自己嫌悪
それらは 精神をしぼませ ごみくずに変えてしまう

誰にとっても大切なもの それは 感動する心
次は何が起こるのだろうと
眼を輝かせる 子供のような好奇心
胸をときめかせ 未知の人生に 挑戦する 喜び
さあ 眼をとじて 想いうかべてみよう
あなたの心のなかにある 無線基地
青空高くそびえ立つ たくさんの 光輝くアンテナ
アンテナは 受信するだろう
偉大な人々からのメッセージ 崇高な大自然からのメッセージ
世界がどんなに美しく 驚きにみちているか
生きることが どんなに素晴しいか
勇気と希望 ほほえみを忘れず
いのちのメッセージを受信しつづけるかぎり
あなたはいつまでも 青年
だが もしもあなたの 心のアンテナが 倒れ
雪のように冷たい皮肉と
氷のように頑固な失望に おおわれるならば
たとえ二十歳であったとしても あなたは立派な老人
あなたの心のアンテナが 今日も青空高くそびえ立ち
いのちのメッセージを受信しつづけるかぎり
たとえ八十歳であったとしても あなたはつねに 青春
青春とは 真の 青春とは
若き 肉体のなかに あるのではなく
若き 精神のなかにこそ ある

（『青春とは』新井満 著／講談社）

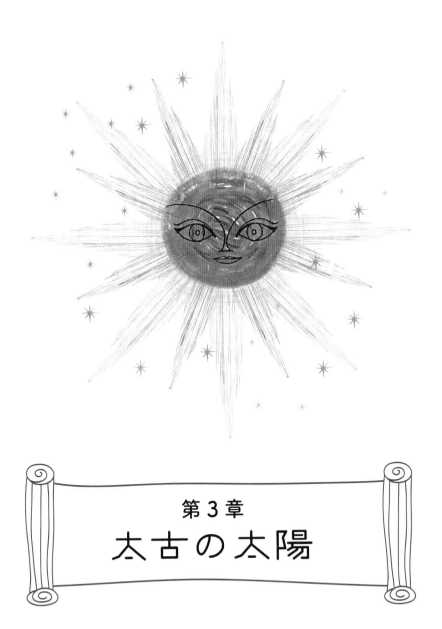

第3章
太古の太陽

火の鳥は、続けて言った。
「太陽の塔の外部には、
現在・未来・過去の３つの顔がありましたが、
その内部には、
もうひとつ第４の顔『地底(ちてい)の太陽』がいました。
しかし、この『地底の太陽』だけは、
他の３つの顔のように、太陽の塔の一部分ではなく、
太陽の塔とは、完全に独立したオブジェだったのです。
言い方を変えれば、太陽の塔の胎内(たいない)にある“卵子(らんし)”だったのです。

万博の期間中の太陽の塔の入館者は、約1000万人。
その祈りを、『地底の太陽』が一身に浴び続けることによって、
卵子は受精(じゅせい)し、“いのち”が宿りました。

万博終了後、太陽の塔の扉を閉じる時、
オブジェだった『地底の太陽』は、外部に押し出され、
倉庫など保管場所を転々としていくうちに、
急に姿を消したのです。

13メートルもある大きなオブジェ。
人が簡単に盗めるようなものではありません。
まるで『地底の太陽』が意志をもって、どこかへ隠れたようでした。

『地底の太陽』のデザインは、
顔を布でグルグル巻きにされた、ミイラのようにも見える。
まさに、いつかよみがえることを前提に制作された、
スフィンクスの黄金マスク。

こうやって太郎は、
『地底の太陽』に呪術をかけていたのです。

そもそも、『地底の太陽』とは、なにか？
岡本太郎は、いったい、なにをよみがえらせようとしたのか。
そのことを知ってもらうため、
あなたをはるか昔まで連れていきましょう」

「さぁ、ゆっくりと目を閉じなさい。
太陽の塔とは、タイムマシンなのです。
あなたが夢を見ることで、タイムスリップすることができます。
あなたの心に私が入ることであなたは眠り、
さらに時空を超えていきます。
さぁ、内に入ります」

ドクン　ドクン……

胸が高鳴り、
僕はゆっくりと目を覚ました。
夜明け前なのか。
目の前には、黄金に輝く光が見え始め、
少しずつ太陽が昇（のぼ）っているようだった。

ドックン　ドックン　ドックン……

胸の高鳴りが激しい。ザワザワする。
そもそも、ここはどこだ？
ここは、まだ夢の中？
さらに、鼓動（こどう）が高鳴った。

ドンドットット
ドンドットット……

ドドッ
ドドドドッ
ドドドドドドドッ……

地平線から姿を現したのは、

岡本太郎が作った、「地底の太陽」だった！

コロナが、激(はげ)しく踊るように暴(あば)れまくっている。

「地底の太陽」が、地平線から昇りきると、

今度は、「地底の太陽」の、

黄金の仮面が剥(は)がされようとしている。

あの「地底の太陽」の正体が、とうとうわかるのか！？

僕のドキドキが最高潮(さいこうちょう)となった、

まさにその時、

地底の太陽は、
超新星(ちょうしんせい)爆発を起こした。

そうか…

地底の太陽とは、

100億年以上前に存在していた

『太古の太陽』だったのか！！！

つまり、宇宙創成期の太陽。

ファーストスターだ。

すると、火の鳥が内から語りかけてきた。

「我々がよく知っている太陽。
つまり、お日様は、
水素からヘリウムを生み出す核融合によって、
光を放っています。
しかし、**太古の太陽はもっと巨大な太陽で、**
ヘリウムだけでなく、
あらゆる種類の元素を生み出す工場だったのです。

太古の太陽は、水素からヘリウム、
そして炭素、酸素、鉄というふうに、
軽い元素から順に、あらゆる種類の元素を生み出していきます。
そして最期には、
超新星爆発して、宇宙に飛び散っていくのです。

しかし、太古の太陽が生み出した元素が超新星爆発しただけでは、
生命は誕生しませんでした。

元素が、宇宙空間を漂っているだけではムラがあり
しっかりとかき混ぜられなければ
生命は誕生しなかったのです。

その時、生命誕生に大きな助けとなったのが
銀河の中心にあった

超巨大、太古のブラックホール

この太古のブラックホールは
大きな重力によって、超新星爆発したあとの
バラバラに漂っている元素たちを引き寄せます。

ブラックホールの入り口で
元素がグルグルとかき混ぜられていくうちに
巨大な磁場（じば）が生まれ
吸い込まれるはずの元素たちは
まったく反対のほうへ一気に吹き出し続け
元素は、宇宙の隅々（すみずみ）まで送り届けられたのです。

この光の柱を、**ジェット**と呼びます。

私たちは、太古の太陽のカケラ。

つまり、万物すべてが、太古の太陽でできています。
アリンコも、鹿も、人間も、土も、海も、雲も、
月も、地球も、夜空に輝いている星たちみんな、
太古の太陽でできています。

なぜ、人間は、いのちを光り輝かせ、生きたいのか。
それはきっと、**人間の根源が、太古の太陽**だから。

太古の太陽は、私たちの**産みの親**。
私たちを照らしてくれる太陽は、**育ての親**。
産みの親である太古の太陽は、私たちの内で今も輝いており、
魂（たましい）の奥に潜（ひそ）んでいます。

あなたがいつも見ている山も、雲も、海も、道路も、ビルも、
月も、太陽も、夜空に輝いているすべての星々も、
太古の太陽の時代は、**ひとつ**だったのです。

一人ひとりが、宇宙になる。
一人ひとりが、内なる太陽を爆発させる。

この感覚を取り戻すことが、

真の祭りであり、真の芸術だと、太郎は言っているのです。

太陽の塔の胎内にあった『地底の太陽』とは、
岡本太郎から、未来のみんなに宛(あ)てた、
新時代のMATSURIの種だったのです」

人間は太陽だった。

八方にケンランとひらき、いのちのよろこびにあふれていた。

私はそのように根源の人間像を常に夢みる。

でなければ何の生きがいか。

岡本太郎

（『太陽の塔』平野暁臣 編著／小学館クリエイティブ）

～宇宙ゆめ進化論～

太陽は、青き地球に、
46億年もの長い間、惜しみない愛と光を注ぎ続けた。
真っ暗闇の深い深い海底では、
赤く光るマグマが顔を出し、火と水が結ばれ、
「生命」が誕生する。

生命は、単細胞生物から多細胞生物となり、
魚へと進化する。
すべての生命は、途方もない年月をかけて、
「ゆめ」によって進化してきた。

魚類が、両生類へと進化したのは、
次なる新天地を求めて、
「陸地」を歩きたいと願い続けたから。
エラは肺へ、ヒレは手足へと進化した。

爬虫類が、鳥へと進化したのは、
次なる新天地を求めて、
「大空」を飛びたいと願い続けたから。
手は、翼へと進化した。

哺乳類が、人間へと進化したのは、
次なる新天地を求めて、
「自分」をもっと知りたいと願い続けたから。
大脳は、大きく進化した。

僕らの祖先（そせん）である人間は、
大陸から海を渡り、
海からすべての島々に進出した。

地球が丸いことを知ると、
次なる新天地である「広大なる宇宙」を求めて、
月に進出した。

新天地あるところ、必ず進出する。
それが、生命。
ならば、人類は、次どこへ進出するのか。

次の新天地は、「多次元（たじげん）宇宙」である。
人類の次なる進化とは、
多次元冒険者（ぼうけんしゃ）となることである。

第４章
星に恋する青年

「新時代のMATSURIを巻き起こすために、
“祭り”の起源（きげん）をあなたに知ってもらいたいのです」
火の鳥は、僕にそう話しかけた。

“祭り”の起源とは、自分の発見でした。

自然そのものと分かれることで、
自分が誕生したのです。

自意識の目覚め。
それは同時に、星祭りの始まりでもありました。

星祭りは、あらゆる場所で起こり、
文明へと進化していきました。
エジプト文明、マヤ文明のピラミッド、
インカ帝国のマチュピチュ……
すべては、星を祝うことから始まっていったのです。

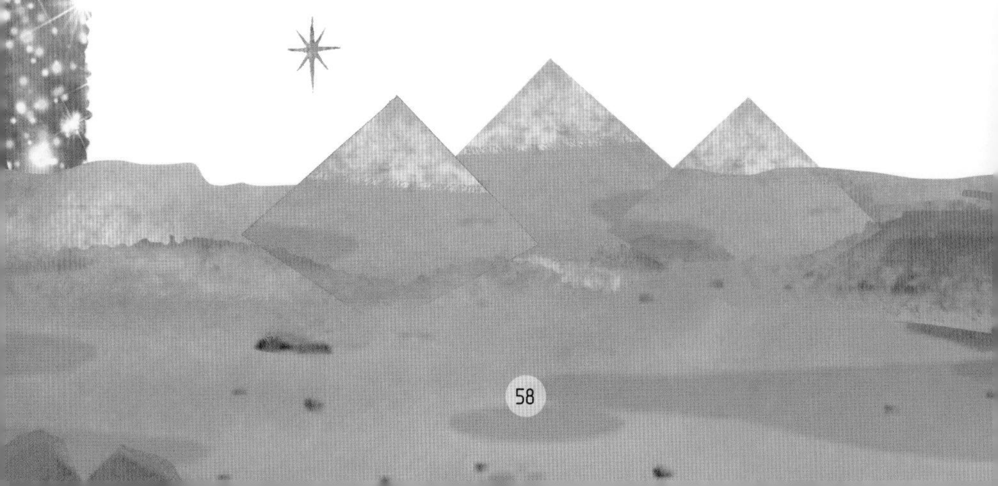

これから、２つの時代を連続でタイムトリップします。

まずひとつめは、
山や川、動物や花にも、神が宿っているということを
誰もが知っていた時代です。
人々はいつも万物に語りかけ、
すべての命とともに生きていました。
今のような言葉で話すのではなく、
ふれたり、見つめたりすることが、
“話す”という時代でした。

では、ゆっくりと目を閉じてください。
あなたが夢みることで、一人の青年の心へ入ります。

さぁ、時空を超えていきます。

気がつくと……

星空を見上げていた。
毎晩のように、星空を見てきたが、
この夜は、いつもと何かが違っていた。

雲ひとつなく、風がそよとも吹かない。
半分の月は沈み始め、
星々はいつにも増して明るく光っていた。

その時、僕は見つけた。

天の中心でただひとつ、
いつもそこにあり、動かないあの星。

美しい瞬き、凛(りん)とした光、

そしてかすかな声。

それが、体の奥で響きあった。

気がつくと、
右手を星に向けて伸ばしていた。
足を一歩、また一歩と踏み出し、
星に向かって歩き始める。
何時間も何時間も、そして次の夜も、
また次の夜も歩き続けた。

そしてとうとう、
いちばん高い山の頂に立ち、
いちばん高い木にまで登った。

けれど、どうしても
その星に手が届かない。

どこまで行っても、どこへ行っても、
決して近づくことがないことに、
とうとう気がついた。

目から涙があふれ、
僕は、その星に恋をした。

火の鳥は、語り始めた。

「これまで青年は、
感情により涙を流すことなどなかったので、
自分の変化に驚きました。
なぜなら、この頃の人間は、
自然も人もすべてが一体だったので、
“恋”というものを知らなかったからです。
誰にも教えてもらったことがありませんでした。

手の届かぬものへの切なさ。
美しいものにふれたいというあこがれ。
寄り添い、通じ合いたいという気持ち……。
すべてが初めての感情でした。

同時に、自分とは別のものがあり、
自分は自分であるということに気づいた、
ということでもありました。

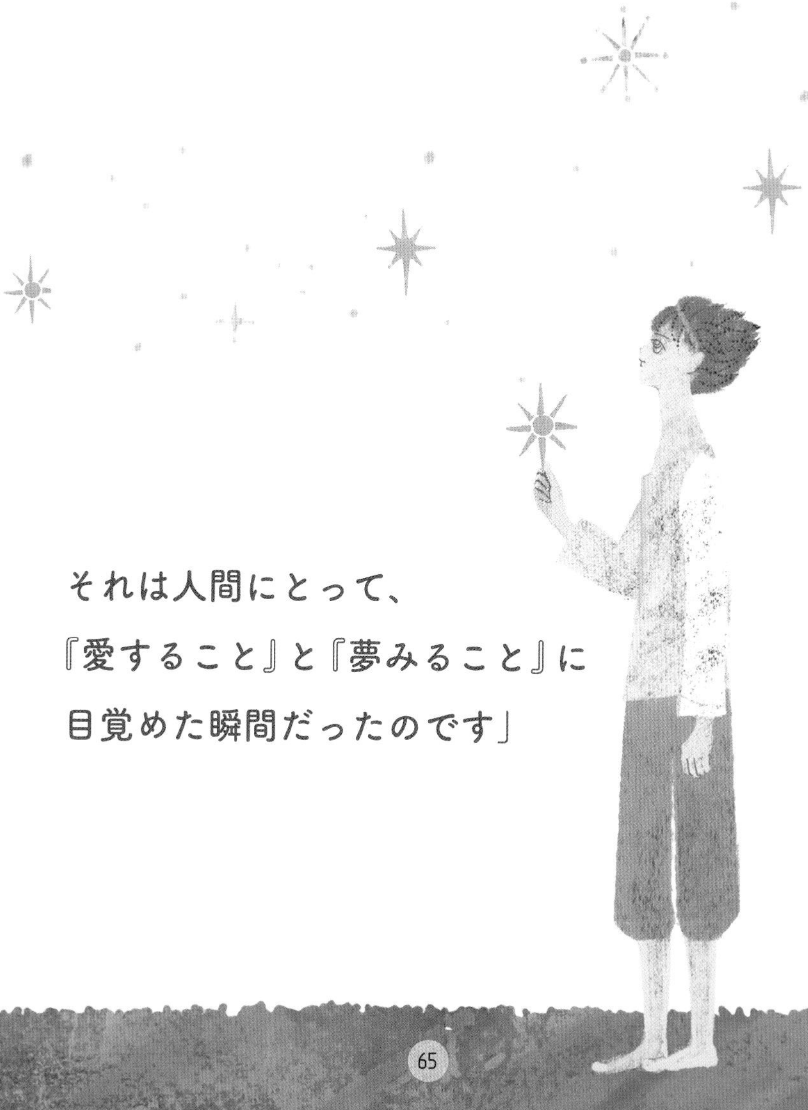

それは人間にとって、
『愛すること』と『夢みること』に
目覚めた瞬間だったのです」

次の朝、山に入り、土を掘りだし、こね始めた。
水を含ませ、丁寧にこねる。

これまで土も水も、
ただの自然の一部でしかなかったものが、
急激に彩(いろど)りを増して迫ってきた。
土や水、そして風や火の力を借りて、土器を作った。

“生きるため”という以外のことをしたのは、初めてだった。
何度も失敗を繰(く)り返し、
何年も何年もただ土をこね続け、
とうとう、完成させた。

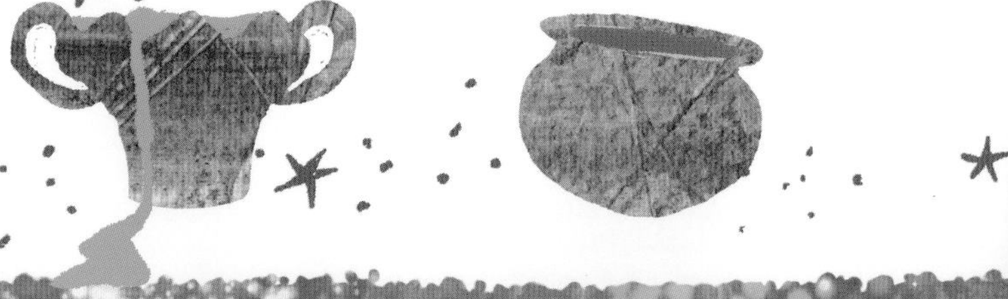

夜になって、土器に水を汲むと、心臓の音が高鳴った。
そして、いつもと同じように、
空にはあの星が輝き始めた。

土器を前に置いて座り、空の星を見つめた。
ささやくようなやさしい風で波立つ水面が静かになるまで、
じっと待った。
鏡のように静まった水面に星が映り、
とうとう、あの星を捕まえた。

水に手を入れて星をすくおうとしたが、
水はするすると指の間からこぼれ落ちた。
何度も何度も水をすくうが、
水面は再び波立ち、
水はすべてこぼれてしまった。

次の夜、もう一度、
土器に水を張り、あの星を映した。

水に映った星を愛(いと)おしく眺め、土器を両腕で強く抱きしめ、
そして、僕は、穏やかに眠りについた。

タイムトリップを終えた僕に対して、
火の鳥は、ひと息おいてからゆっくりと語り始めた。

「もし仮に、この星が地球で、日本だとすれば、
先ほどの世界は、1万3200年前の縄文時代にあたります。

さらに言えば、地球の地軸は傾(かたむ)いていることもあり、
この星は、現代のあなたたちが知っている
北極星（ポラリス）とは違います。

縄文時代の北極星は、"ベガ"でした。

ベガとは、織姫星(おりひめぼし)のこと。
縄文時代の青年が、織姫星に恋することから、
『七夕(たなばた)』は誕生したのです。
これが、内に秘められた、まだ誰も知らない七夕の起源です。
宇宙中にある惑星の共通点は、
満天の星空が美しく、北極星が存在すること。

七夕こそ、宇宙のみんなが、星空でつながりあえる、
銀河の祭りなのです」

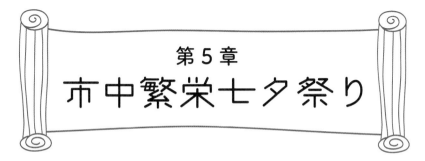

第5章
市中繁栄七夕祭り

「新時代のMATSURIを巻き起こすために、
次はあなたに、"市中繁栄七夕祭り"を
知ってもらいたいのです」

火の鳥は続けた。

「江戸時代の末期には、
富士山を使った日本一の大祭りがありました。
その当時の七夕は、
天に近ければ近いほど、願いが叶うとされ、
江戸の町民100万人みんなが、
少しでも高い場所や屋根に登って、
天の川の星々と対話する祭りがあったのです。

現代の七夕は、新しく暦が変わることで
梅雨の時期と重なってしまい、
本来のパワーを完全に失ってしまいました。

だからこそ、ここでしっかりと、
いのち輝く MATSURI を知って、
よみがえらせてほしいのです。

今回は、江戸時代へタイムスリップします。
江戸に住んでいたある有名な浮世絵師の男の視点から、
当時の様子を探索してもらいます。

さぁ、ゆっくりと目を閉じてください。
時空を超えて、もう一度、タイムスリップしますよ。
では、あなたの内に入ります」

「竹やー、さぉーだけーーー」

この日は、待ちに待った、七夕祭り。
江戸の町には、笹竹売り、ひょうたん売りの口上(こうじょう)の声が、
あちらこちらから響いている。

「うーんと、長い竹をおくれ」という、お姉さんの明るい声。
「どっちのほうが長い竹か、比べっこしよう！」と
子どもたちの笑い声。

旧暦(きゅうれき)の七夕の前日、７月６日の夕暮れ頃から、
町はどんどん賑(にぎ)やかになっていく。

短冊(たんざく)の付いた竹は、神さまへの目印とされ、
それを持って、喜んで走り回っている
子どもたちが目に入る。

五色の短冊には、
一つひとつ願い事が書かれている。
中には、スイカの短冊や、鯛(たい)の短冊、
ひょうたんや、そろばん、
千両箱の形の短冊だってある。

美味しいものを食べたい、
お酒を呑みたい、お金が欲しい。
みんなの気持ちが素直に表れ、
この日は、町中で楽しさがあふれている。

七夕とは、
天に近ければ近いほど、
願いが叶うとされている祭り。

子どもの頃から、七夕が大好きだった。
遊び心があって粋な祭りだった。
夕暮れ時、あたりが少しずつ暗くなり、
満天の星たちが現れ出すと、
江戸の町民100万人のほとんどが、
自分の家の屋根の上にかけ上がり、
短冊が付けられた長い竹を手に取って、
大きく振り、声を上げて、願いを天に掲げた。

旧暦の七夕には、
必ず星空に半月（上弦の月）がやってくる。
織姫と彦星の物語では、このことが、特に重要だった。

旧暦の七夕の半月とは
天の川を橋渡しする「光の舟」だった。

私は、江戸の火消しの子として生まれた。
七夕の時は、いつも家族と一緒に屋根に寝転びながら、
満天の星空を見上げた。
しかし、12歳の時、母が死に、
あとを追うようにして、
1年も経たないうちに父も死んだ。

その年の七夕は、一人で星空を眺めた。
いろいろと家族での出来事を思い出すことも多かったが、
決して泣かなかった。
なぜかそばに、母と父がいる気がしたから。

その翌年、七夕とは、
あの世の扉を開く祭りであることを知った。

「旧暦の七夕」の**半月**から、
「旧暦のお盆」の**満月**の間までの8日間だけ、
あの世の扉が開いていることを、
そのとき初めて聞いたのだ。

感動した。深く納得できた。

死は、終わりじゃない。
死は、永遠の別れではない。
亡くなった人も、今ここに生きている。

願いだけではなく、
亡くなった家族や恋人に、
文を書いて天に届ける者たちも大勢いた。
それが、七夕だった。

1854年の安政の大地震（南海トラフ巨大地震）では、
江戸だけではなく、日本各地で大地震が連発し、
100万人のこの町も、
大震災で10万人近くの人が亡くなったらしい。
江戸城の門、塀、石垣などは総崩れ、
江戸の町もあらゆる場所で出火し、
多くの人が経済的にも精神的にも苦しんだ。

しかし、その民衆の心を救ったのが、
七夕だったのだ。

現在私は、60歳をちょうど越えたが、
我が人生の集大成として、
浮世絵『市中繁栄七夕祭り』を描いた。

これは、安政の大震災で、
町を復興(ふっこう)繁栄させていく江戸町民の力強さを、
そしてこの光景を、
後世(こうせい)まで残さなければならないと思ったからだ。

そんな時、ある男から、面白い話を聞いた。
こんな時だからこそ、特別に火祭りで使っている、
富士山の形をした赤神輿(みこし)を、頂上まで届けるというのだ。

「富士の噴煙(ふんえん)は大丈夫か」と聞いたが、
「自分の命より、尊(とうと)いものが、祭りだろう。
我が身を捧(ささ)げてこその祭りじゃ！」
と言い放つような、じつに豪快(ごうかい)な男だった。

私は、コロリ（正式名：コレラ）になった。

ペリー来航(らいこう)により、長崎の出島から伝染病が入ったらしく、

たった１年もたたぬうちに、コロリは江戸中に蔓延(まんえん)し、

死者はもうすぐ２万人を超えるという。

もうじき、私も死ぬだろう。

そこで、浮世絵と文(ふみ)を、

その男に頼んで、

富士山の頂へ届けてもらうことを決めた。

富士山の噴火口に投げ入れることで、

浮世絵が未来の誰かに届くような気がしたのだ。

後世の者たちは、

この江戸の七夕を知らないのかもしれない。

未来の人間も、

大震災や伝染病で苦しんでいるかもしれない。

その時、ふと思った。

私は、「七夕」を後世に届けるために、
浮世絵師として、
この時代に生まれたんじゃないのか。

亡くなった者も、今ここに生きている。
永遠の別れというものがないと思えることが、どんなに救いか。
死を怖れすぎることはない。
この美しい文化の祭り〝七夕〟を後世へ届けたい。

私は、土となり、雲となり、風となり、雨となろう。
世界中にばら撒かれ、すべてとなる。
死んでも、祭りは終わらない。

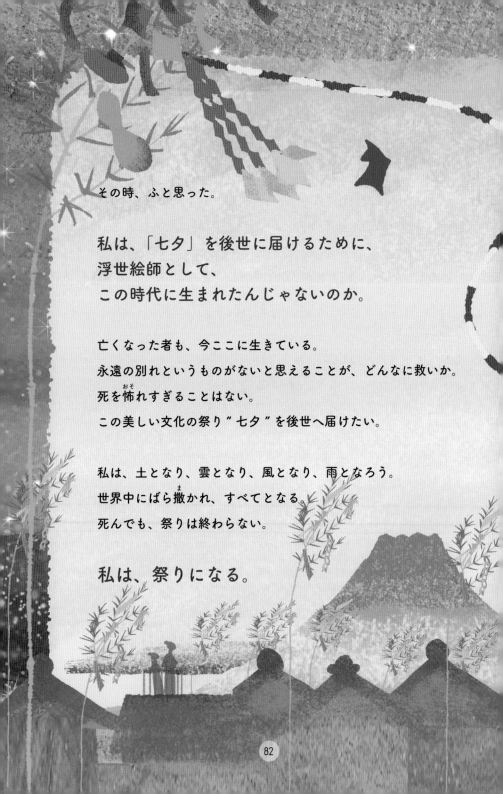

私は、祭りになる。

歌川広重（安藤広重）は、微笑みながら、

この世を旅立ったという。

1858年、享年62歳。

この年、

日米修好通商条約を調印。

225年続いた鎖国が終わり、

国はひらかれ、日本は開国した。

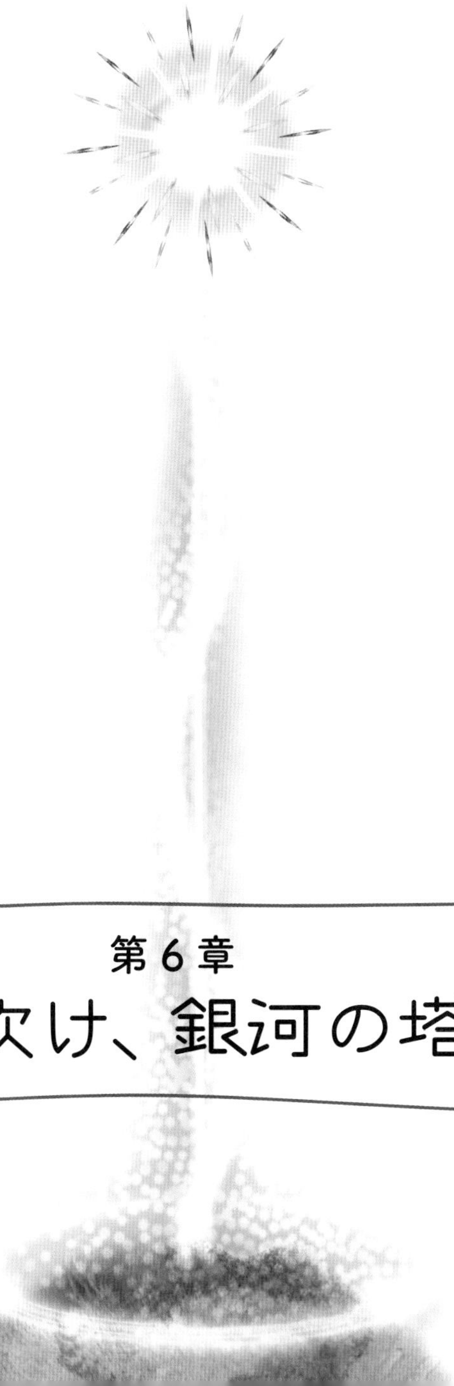

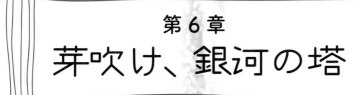

第６章
芽吹け、銀河の塔

目覚めると、頭が少しボーッとしていた。
ただの夢のはずが、肉体的にも、
少しパワーを使ったように思えた。

青年や広重（ひろしげ）は、もしかしたら、
僕の前世（ぜんせ）だったのか。
それとも、
僕と似ているところが、ただあっただけなのか。
とにかく、他人事ではない想いを受け取って、
内なる情熱の火が燃え上がった。

火の鳥は言った。
「太陽の塔では、
未来に行くことができません。
次へ行く心の準備ができているなら、
未来のタイムマシンを用意します」

「えっ、未来にも連れていってくれるの！？
行きたい、行きたい、行きたい!!」
そこで、僕自身がいつも疑問に
思っていることを聞いてみた。

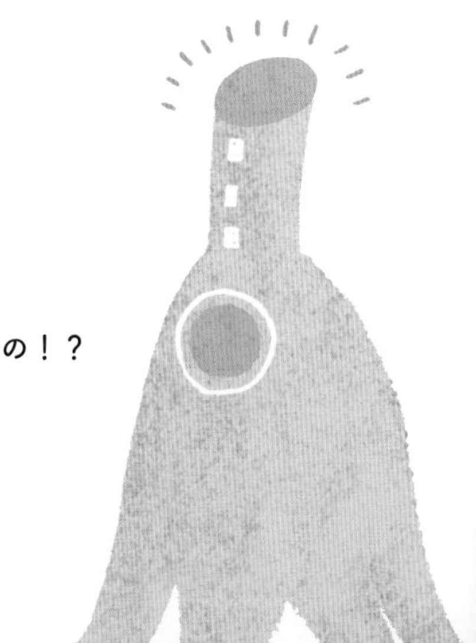

「もしかして、未来って、
すでに決まっているものなんですか？」

「青写真としては、
すでに決まっています。
しかし、それはあくまでも未来予想図。
どのようにでも変わります」

しばらくすると霧が晴れ、
少し先に、太陽の塔の高さの半分ほどもない、
小型の宇宙船のようなものが見えた。

「あれが、未来のタイムマシン？」
「はい。大阪万博が終わった翌年に、
岡本太郎が制作した２代目の母の塔（モデル：子宮型）です。
これは、万博終了後にすぐに解体された
１代目の母の塔（モデル：胎盤型）と、
青春の塔を融合させて、
進化させて完成させたものです。

岡本太郎は、２代目の母の塔で、
子宮部分を膨らませることで、
新しいいのちが宿っていることを表現し、
さらに、その子宮から誕生した次世代の地球人たちを、
躍動感あふれる人間として、
すでに子宮から誕生しているイメージで制作しました。
両手を広げて、宇宙に向かって、いのちが開いています。
これが、太郎が望んだ未来でした」

太郎が望んだ未来とは、

“大歓喜の祭り”だったのだ。

一人ひとりが、宇宙となり、
万物のみんな、
星空にいるみんなと、
いのちの歓びを感じ合うことだと、
僕は受け取った。

ひとつ気になったことがあったので、火の鳥に聞いてみた。

「青くスパッと切れた上の部分が、
太陽の塔の首とまったく同じように見えるんだけど、
太陽の塔とは、何か関連があるの？」

「よく気づきましたね。その通りです。
もともと、母の塔とは、
生命の樹の先にあたる天井部分に、
太郎が作ろうとしていた
秘密の部屋だったのです。
大阪万博当時は、
消防法などの安全基準で、
生命の樹の上には、
その部屋を作ることができませんでした。
太陽の塔では成しとげられなかった
そのもっとも大切な部分を、
万博直後に、２代目の母の塔として、
太郎が制作したものなのです。
つまり、太郎には、次世代に渡したかった未来があったのです。

では早速、この宇宙船に乗って、未来を見にいきましょう」

未来のタイムマシンの真下に行くと、頭上に丸い扉が現れた。
丸い扉がゆっくりと開くと、
太陽のように眩しくやさしい光があふれてきた。
すると僕らは、光に包まれながら、ゆっくりと上昇していく。

偉大なるマザーに包まれているような、
あたたかな不思議な感覚をおぼえた。
それと同時に、急に眠気におそわれた。

「あれ、僕、どのくらい寝てた？」
目を覚まして、僕は、ゆっくりと起き上がった。

「そうだね。地球時間で数秒程度だよ。
でも、ここの世界では、約２、３時間にあたるかな。
思ったより眠ったから、スッキリしてるだろう」

突然、目の前にいる、
半分が人、半分が鳥のような存在が答えた。

「えっ、君は誰？　ここにいた火の鳥さんは？」

少し驚きながら質問する僕に対して、
その存在は、笑いながらこう言った。

「あっはははは！　僕が、あの火の鳥だよ。
この未来のタイムマシンは、おもしろくってね。
部屋が子宮のエネルギーでできているから、
きっと僕の姿も、子どもっぽくなってしまったんだろう。
でもお互いにとっても、
このほうが話しやすいから、これもいいだろ？」

もう、
ここまでにいろいろなことが起きているから、
目の前に見える姿に対して、
僕はあまり驚くことはなかった。

「ちなみに君は、男の子？女の子？」
「性別はないよ。僕は、万物すべての
根源のエネルギーでできているからね」

「でもせっかくだから……
友情の証として、僕に名前をつけさせてよ」
「もちろん」
「うーーん、じゃあ……**ピノ！**」
「ピノ？」
「うん。僕の大好きなアイスの名前。かわいい名前でしょ」
返事はなかったが、ピノはうなずき、
とても嬉しそうな顔をしていた。

ずっと灰色がかった世界にいたが、
しばらくすると雲の隙間から、下のほうに地上が見えた。
このマシンのポッドは、
不思議な半透明の素材でできているようで、
窓がないところでも、外の景色がしっかりと見れた。

「ここは、2024年みたいだよ。あの小さな島をごらん。
あそこで、何かを建設しているだろう。あれ、なんだと思う？」

「そんなのまったく検討もつかないよ」

「では、あっちのほうを見てごらん。
小さいけど、よーーく見てみて。あれがヒント」

僕は目がいいほうだから、見えるはずなんだけど、
思ったより遠かったので、なかなかわかりづらかった。

「なんだろう？　あれだよね。あっち？
うーーーん……
……えっ、あっ、あった！
もしかして、あれって、
太陽の塔じゃん!!!」

「あったりーーー！
じゃあ、それがヒントなら、
ここの真下は何？」

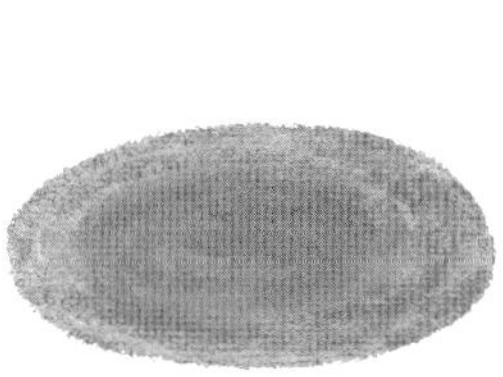

「……。もしかして、
次の万博会場を建設しているっていうこと？」
「すごいや！　君は、やっぱ勘が冴えているなぁ」

「えっ、ここは、確か、2024年だったよね。
また日本で、しかもここ大阪で、
もう一度、万博が開催されるの？」

「そうそう、ビックリでしょ！　こんなことって、ある？！」
ピノは、目を丸くして興奮していた。
火の鳥の姿も好きだけど、
子どものような鳥人のピノもかわいいって思えた。

「じゃあ、もしかして、太郎の意志を受け継いだ、
とんでもないMATSURIが、
まさにこれから始まっていくの？」

「それが、そうじゃないみたいなんだ。
君が来た理由のひとつが、そこにある。

太郎の意志を受け継ぐ者たちが、
まだ現れていないんだ。

そもそも太陽の塔が、
祭りを生み出すための装置だったことを、
ほとんど誰も知らない。
1970年とは時代背景が違って、
2024年の時点では、万博そのものが、
あまり盛り上がっていないようだね。
その理由はいろいろあるだろうけど、
万博が、人生を一変させてくれるものだとは
誰も思っていないし、
昔のような衝撃的なインパクトを与えてくれるものは、
今回の万博にはないと、ほとんどの人が思っている。

この時代にはね、あるウィルスが蔓延して、
世界中の人があらゆることを自粛したんだ。
2020年には東京オリンピックがあったけど、
1年遅らせ、無観客での実施だった。

ほかにも、世界では戦争が起きていたり、
大地震では本当に多くの人が亡くなった。
じつは、まさにこの下で、
1995 年には阪神淡路大震災が起こったり、
2011 年には東日本大震災で、約 2 万人弱の人が亡くなった。
そして、2024 年にも大地震が起こった……」

ピノの冷静な声のトーンとは裏腹に、
僕の中に熱い何かが湧いてきた。

「大地震、ウィルス、戦争……。
世界中のみんなが苦しんでいるの？
それじゃ、広重が生きていた時代と
まったく変わってないじゃん！
大きな絶望(ぜつぼう)があっても、それが、きっかけとなり、
その絶望の中からこそ、新しい時代の祭りが生まれるんでしょ。
いつの時代もそうだったんでしょ。
祭りが、みんなを奮(ふる)い立たせる。
日本って、そういう国だったんでしょ？！

万博で、みんなと一緒になって、
新時代のMATSURIを始めないの？
なんで？なんで？なんで？
あれだけ、太郎が言っていたじゃん！」

「じゃあ、君なら、この日本に何ができる？
世界にどんなインパクトや、感動を与えて、
次の大阪万博を迎える？
ちなみに、2025年大阪万博のテーマは
『いのち輝く未来社会のデザイン』。
このテーマの問いかけに、答えられる？」

あんなにも強気で言ったわりに、
具体的なアイディアは出てこなかった。

この時代の、この場所がもっとも大切なことは、
胸が痛いほど僕にはわかる。
大感動と共に、
いのち輝く新時代のMATSURIを始めること。
そのために、僕はここに来たのだ。

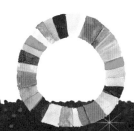

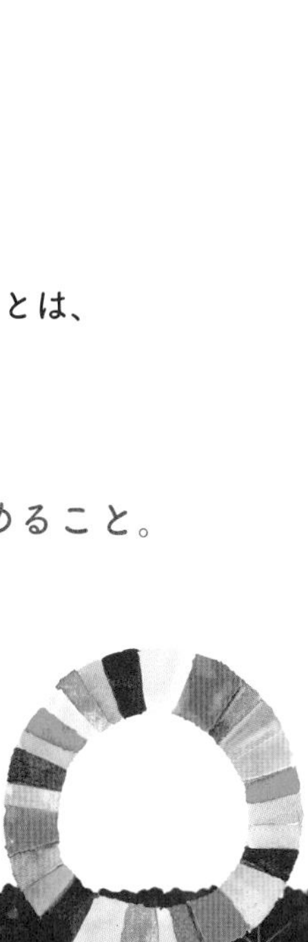

……ところで、
さっきから、僕を呼んでいるのは、だれ？
心の中に、直接ささやく声は、だれ？
なんて言ってるの？
なぜ、僕を呼んでいるの？
いったい、どこにいるの？

もう一度、じっくりと万博会場の建築現場を眺めてみた。
その声は、どうやら建設現場となっている
島の地底から聞こえてくる。

「ピノ、この万博会場って、もともとは、どういう島だったの？」
「たくさんの産業廃棄物（はいきぶつ）などで埋め立てた人工島。
『夢洲（ゆめしま）』っていうんだよ」

その時、僕はひらめいた。
突然、心の中で聞こえる声が、
答えを教えてくれたように感じた。

「この島には、とんでもないものが眠っているみたい。

……あった！
ほら、ここにあったんだよ！
まちがいない。とうとう見つけたよ!!」

「なにが？」

「この島に……
あれだよっ、あれ！

世界をひっくり返す秘密兵器（ひみつへいき）……
地底の太陽!!!」

「えっ、なんだって！？」
ピノも驚いて、目をまん丸くさせている。
興奮冷めやらない僕は、叫ぶように続けた。

「この夢洲こそ、まさに、夢の島なんだ！

いのち輝く未来を全人類に届けるには
この地底に眠っている
太古の太陽をよみがえらせるしかない！！！

太古の大昔から輝く太陽こそ、
世界をひっくり返す、
ぼくらの大秘宝（ひほう）だ！！！

人類みんなが
太古の太陽だったことを思い出し
いのちを輝かせることで
きっと地底の太陽はよみがえる。

新時代の夜明けは、ここから始まるよ！」

そう自信たっぷりに発した僕の声を聞いたピノは、
ニヤリと嬉しそうな顔をした。

「………まさにその通り。本当は知っていたよ。
君が自分で見つけるために、黙（だま）っていたんだ。

1970年の大阪万博が終わると、地底の太陽は、
兵庫県にある美術品を管理する建物へ、
一度移設（いせつ）されたんだ。
地底の太陽は保管するにはあまりにも大きかったので、
バラバラに解体され、
長い間シートをかけ保管されていた。
1984年頃、その美術品を管理する建物自体を解体する際、
他の解体の廃材（はいざい）などと一緒になって、間違えられて、
地底の太陽は夢洲へ捨てられてしまったんだ。
しかしこれは、あくまでも表向きの理由にすぎない。

地底の太陽は、
自らの意志を持っていた。

人の手を借りながら、
夢洲まで連れていってもらわなければならない、
大切な使命があったんだ」

そこまで言うと、
ピノは大きく息を吸って、力強くこう言った。

「時が満ちた。
ついに、この地球で、
“開星”が始まったようだ」

「か　い　せ　い？」

「この星が、ひらきはじめた」

ここで、僕が気になったのが、
円周２キロほどの建設中の大きな万博リング。
このリングは、異次元との異空間をつなげる大きな扉だ。
とんでもない何かが、ここから誕生する。
しかし、どうやって……。

「ピノ、ちょっと聞きたいことがあるんだけど、いいかな」
「もちろん、いいよ」
「太陽の塔を生み出した時の岡本太郎の逸話を、
教えてもらってもいい？」

「じつは、岡本太郎が、
万博のテーマプロデューサーを任された時には、
すでに、高さ30メートルの非常に大きな屋根が
建築されることが決定していて、
その大屋根の下に、展示物を飾ることを太郎は考えたんだ。
しかし、その大屋根のイメージを見た太郎は……
突然、大屋根を打ち破りたい衝動が、
ムクッと湧き出してきた。

30メートルの大屋根に対して、
70メートルの塔が浮かび上がったらしい。
つまり、大屋根に大きな穴を開けて、
塔と大屋根がぶつかり合うことで、
結果的に、その両方を生かすことができると、太郎は確信し、
あの大きな、『太陽の塔』が誕生したというんだ」

「なるほど……
このリングは、その大屋根からイメージして
製作されたに違いないね。
しかし今回は、巨大な穴がすでにあいている。
このリングから、もっと大きな塔をたててくれと言わんばかりに。
だったら……
そこに、また塔が……
このリングの真ん中を、

ズドーーーンと

…………」

その時、僕の頭に、
でっかいイナズマが落ちたかのような衝撃を受けた。

「そうか!!!

地底の太陽とは、
新時代の“MATSURI”の**種**だった。

つまり、この種は、本来の使命を思い出して、芽吹(めぶ)く!
地底の太陽は芽吹くために、
わざわざ、この夢洲までやってきた。

じゃあ、どんな塔が、芽吹く?
……空想(くうそう)しろ!
すべてのあらゆる枠をぶっ壊して、空想しろ!!!」
僕は、自分にそう言い聞かせた。

その時、万博会場の真ん中から、ヒカリの塔が見えた。
それは、ジェットだった。

黄金のヒカリを噴き出し続け、
天まで突き刺さっている。

万博リングとは、
太古のブラックホールなのか!!!

まさにその時、黄金の龍がうねりながら、
勢いよく天を駆け上がっていく姿が僕には見えた。
万博リングによって、天の岩戸が開かれた。
いのちの願いが、大爆発しながら、天に向けて噴き出している。

地底で待っていた「太古の太陽」に、
「太古のブラックホール（万博リング）」が
対極でぶつかり合うことで、宇宙が誕生する。

万博会場そのものが、
『いのち輝く未来社会のデザイン』をテーマにした**芸術作品！**

太陽の塔の視線の先には、いつも、夢洲があった。
夢洲で、〝**宇宙**〟を誕生させることが、太陽の塔の願いだった。

太郎から受け継がれた〝いのちのバトン〟を、僕は受け取った。

僕に見えたこの光景は、ピノにも見えていた。
そして、しっかりと僕の目を見つめて伝えてくれた。

「君たちが現在、地球で人間として生きていられるのは、
元素を誕生させた〝宇宙の母〟である太古の太陽と、
それをかき混ぜて宇宙中に噴射(ふんしゃ)させた
〝宇宙の父〟である太古のブラックホール
のおかげなんだよ。
宇宙の母と宇宙の父との神話こそ、『明日の神話』。

君たちなら、絶対にやれる！
さぁ、ヒカリの塔を、地球中のみんなで芽吹かせよう。
2025 年の大阪万博から、いのち輝く新時代の MATSURI が
始まるんだよ」

ピノと僕は、抱きしめ合って、泣いて、飛んで、歓んだ。
そして、地底から芽吹いたヒカリの塔に、
僕らは名前をつけた。

『銀河の塔』と。

万国博の仕事を引き受けるとき、
私はベラボーなものを作ると宣言した。
右を見たり、左を見たり、
人の思惑を気にして無難なものを作っても
ちっとも面白くない。
みんなが、びっくりして、**何だこれは！**
顔をしかめたり、また逆に思わず楽しくなって、
にこにこしてしまうような、
そういうものを作りたかった。

岡本太郎

祭りの中核には、
神聖な絶対的存在がなければならない。
それが祭りの本質だ。
見せ物ばかりでは、祭りにならないのだ。

岡本太郎

もし太陽の塔ができないことになったら、
そのときはオレが立つ。

岡本太郎

（いずれも『太陽の塔』平野暁臣 編著／小学館クリエイティブ）

太陽の塔の構想は、無駄遣いだとか、個人的なものだとか、
世間から多くのバッシングを受けていた。
その当時、岡本太郎は、
「もし、太陽の塔ができないことになったら、
そのときはオレが立つ」
こう言って、太陽の塔のように両手を広げて、
カメラの前でポーズしたのである。
岡本太郎は、大変、お茶目な人間でもあった。

太郎自身が、太陽の塔そのものでもあるのだ。

第７章
宇宙大花火

銀河の塔への高まる気持ちを、
僕は抑えきれなくなった。
この偉大なるビジョンを、この時代にいるみんなに伝えたい！

「ピノ！　今すぐ僕をここで降ろして」

熱を帯びた僕の声を静かに受け止めながら、
ピノは穏やかな表情で首を横にふった。

「それはできない。
この時代でない者が、直接、未来に干渉することはできないんだ」

「でも、地底の太陽は夢洲で待っているよ。
今しかチャンスがないじゃん！
いのち輝く新時代のMATSURIが、
今まさに、ここから始まろうとしているのに、
誰も気づいていないよ。
いったい、どうしたらいいっていうの！？」

ピノの瞳をじっと見つめて叫んでいたら、
涙がいっぱいあふれてきた。

「僕は、あきらめない。
だって、人類が待ち望んでいた美しい光景が、
ここにあるんだよ。

僕は、ずっと考えてきた……

なぜ人間は生まれてきたのか。
そして、なぜ死ぬのか。
この大きな宇宙に、なにをしにやってきたのだろうかって。
子どもながらに、ずっと考えてきた。
でっかい夢を生きたら、その答えに近づけると思ってた。

僕は、星空を見上げて、いつもこう思っていたよ。
もし、地球外の知的生命体がいたら、
みんなは何をやっているんだろう。
地球人より１万年進化した星々、いや、
１億年進化した星々があるとしたら、
そこに生きる人たちは、どのように暮らし、
どんな愛ある夢を抱(いだ)いて生きているんだろうかって。
そんなことを考えていたら、自分の悩みなんて、
すぐに吹き飛んでしまう。

星空にコンタクトして
満天の星を見つめて話しかけていると、
なぜだか不思議な気持ちがして、
愛がいっぱいになってあふれてくる。
僕の想いを聞いてくれている存在がいるかどうか
わからないけれど、
いる！っていう確信が、
なぜかいつも、心のどこかにあったんだ。

こんなふうに、地球中のみんなが一緒になって、
星空に話しかけられたらいいぁって、いつも僕は思っていた。

だからね。

銀河の塔って、
地球中の願いを使って、
宇宙に、でっかくコンタクトするための
装置なんだと思う。

地球中のみんなが、
でっかい愛ある夢を打ち上げ続けていくうちに、
人類が求めていた答えが、いつか返ってくるような気がする。

だから、地球中のみんなと一緒になって、
銀河の塔をつくりたい!!」

僕の切実な想いに対して、
ピノはやさしく微笑みながらこう答えてくれた。

「君が今、思いついたこと。
それを、『アクティブSETI（セティ）』って
天文学者たちは呼んでいるんだ。

『SETI』っていうのは、地球外知的生命体探査のこと。
つまり、地球外知的生命体による宇宙文明を発見する
プロジェクトの総称。
実際、君たちが住んでいる銀河系だけでも、
地球のような美しい環境の惑星は、
数百万個は存在するだろう。

君が言ったように、宇宙へのメッセージは、
“光”で届けるのではない。
３次元世界の物理的な宇宙空間を使っていては、
スピードが遅すぎる。
人間の寿命を考えれば、
“光”でコンタクトすることが不可能だということは
すぐに気がつくはずだ。

しかし、“願い”であれば、
時間軸がない異次元を使って、
宇宙中にコンタクトすることができる。

これは、今に始まったものではない。
太古に高度な文明があったあらゆる場所では、
必ず、星空に祈りを捧げてきた。
エジプト文明やマヤ文明のピラミッドなどは、
その典型的な装置だったんだよ。

君が言うように、

『銀河の塔』の最大の魅力は、
アクティブSETIにある。

もう、君の夢は、君だけのものじゃない。
天文学者たちの夢でもあり、地球みんなの夢でもあるんだ。

ただ待っていても、宇宙みんなの声は地球にやってこない。
積極的に、願いを打ち上げることで、
コンタクトは返ってくる。
銀河の塔こそ、
これまでの地球にはなかった斬新的なアイディアのSETI。

これが、人類の希望となる」

ここまで言うと、ピノは、僕の目をじっと見つめた。

「改めて、君は、どうしたい？」
「さらに未来に進んで、2045 年を見たい！」
「……なんで、そう思った？」
「僕にもまったくわからない。
世界大戦が終わった 100 年後の未来を見たいって、
ふと思ったんだ。
その未来に、2025 年の MATSURI の
ヒントが隠されていると感じるんだ」

ピノはやさしい口調でこう続けた。

「さっきも言ったように、意図的に未来へ飛ぶことはできない。
けれど、君の魂の声と完全に一致(いっち)しているなら
未来に飛べるかもしれないね。
時間的には、これが最後のタイムトリップになる。
もう、ここには帰ってこれないよ。
それでも先に進む？」
大きく、僕はうなずいた。

「さぁ、目をつむって。では、行くよ!!!」

ゆっくりと、目を開けると、
そこには、宇宙が広がっていた。
ピノは、遠目で宇宙を見ながら、
とつとつと想いを語ってくれた。

「宇宙が生まれて、138億年。
宇宙史から観れば、君たちの存在は、“刹那（せつな）”だ。
しかし、地球人が生きている、まさにこの時代は、
この宇宙にとって、もっとも星々が輝き、
もっとも生命が歓びにあふれる
『宇宙の黄金期』と呼ばれているんだよ。
本当に、美しい時代に、君たちは誕生した。

地球は、ひとつの生命体。

すべての生命には、
”広がろうつながろう”という性質があるように、
今まさに、この地球という星は、開星している。

人間にとってそれは、
突然起こっているように思えるかもしれないが、そうではない。
ずっと長い間、あらゆる進化を見守り続けて、
この時を地球は待っていた。
銀河系には、地球と似たような
進化の段階の惑星はたくさんある。

その惑星たちは、息を合わせたように、
一緒のタイミングで、シンクロを起こして、星をひらいていく。
それはまるで、桜の花が一気に満開になるように、
次々に咲き誇っていく。

君には、想像できるかい。
銀河系も、ひとつの生命体だということを。

銀河系とは、偉大なる宇宙樹（うちゅうじゅ）。
見えない枝で、他の星々ともつながっている。
惑星がひらく時が、花が咲く時。
太陽たちは、黄金の果実。
そんな壮大なる神話の中に、
君たちのいのちは生かされている」

美しく神秘的な星、青い地球が見えた。

2045 年の“未来”にやってきた。
ちょうどその日は、万博が開催されているようだ。
しかしそこにあったのは、万国博覧会というより、

万星博覧会。

これは、銀河の祭りだ。

地球中の子どもたちが、
宇宙に向けて花火を打ち上げて、
大歓喜で喜んでいる光景が見えた。
一つひとつの花火玉には、
みんなの“願い”が描かれていた。

いのちが、大爆発している。

一人ひとりが、
太古の太陽であることを思い出し、
銀河の塔として芽吹いている。

岡本太郎がゆめ見た、大歓喜の世界はこれだった。

人間は、銀河の塔だった。

イースター島、台湾、カリブ海など、
世界中のあらゆる島々から、
“願い”を描いた天燈（スカイランタン）が、一斉に打ち上がる。
それはまるで、満月を迎えた頃の珊瑚礁（さんごしょう）の産卵（さんらん）のように、
爆発的に生まれて、ゆっくりと宇宙へ帰っていく、
幻想的で美しい光景だ。

マチュピチュ、富士山の頂上から、
次々に、花火が打ち上がっていく。
さらに、世界中の街からも、
どんどん花火は打ち上がっていく。
フランスのエッフェル塔、スペインのサグラダ・ファミリア、
アメリカのセドナ、インドのタージ・マハル、
エジプトのピラミッド……

「これが、宇宙大花火だよ。
花火玉を、太古の太陽にみたてて、
本来の自分の姿を思い出しているんだ」

ピノは、宇宙大花火をよく知っているようで、
興奮して僕に教えてくれた。

富士山を見ると、山頂から、大きな花火が打ち上がった後に、
そこから、天の川まで突き刺さるほどの、
大きくて太いヒカリの柱が、
ぐんぐんぐんぐん、立ち上がっていく。

その噴火口の周りでは、にぎやかに盆踊りをしている人たちや、
富士山の神輿を持って、
生きている歓びを宣言している子どもたちがいる。

アフリカのキリマンジャロや、
世界中のありとあらゆる噴火口で、
いろいろな部族の踊りや歌、セレモニーを開催していた。
そのどの噴火口からも、黄金のヒカリの柱が、
天まで突き上げている。

2045年には、銀河の塔が、
世界中に広がっているのが見てわかった。

" MATSURI " は、世界の共通語となり、地球中に広がっていた。

「ピノ、もしかして、この星空の向こうにも、
純粋な“願い”を天に届ける祭りが、
数え切れないほど無数にあるの？」

「もちろんだよ。
亡くなったひとへの想いを、天に届ける祭りがある。
花火玉に、願い事を描いて、天に届ける祭りがある。
ランタンに願い事を描いて、天に届ける祭りがある。
これは、地球だけの祭りじゃないんだ」

そう聞いて、僕の中にある疑問が湧いてきた。

「なぜ、天に“願い”を届ける祭りが、
地球中、宇宙中に存在するの？
なぜ、人は、星空を見て、懐かしく思うの？
僕は、あの星空の向こうにいたことがあるの？
あの星空の向こうに、僕はいつか行くの？
僕はなぜ、
銀河中に点在しているような不思議な気分になるの？」

ピノは僕の疑問を聞いて軽く微笑みながら言った。
「そろそろ、帰る時が来たみたいだ」

「帰るって、どこに？」
「魂の故郷だよ」
「結局、僕は死んでしまうの？」

「進むしか道はないんだ。
ここで、改めて君に問いたい。
『死』とは、なんだと思う？」

「わからない。でも、今は不思議と怖くないんだ。
僕の一番知りたかった答えが、すべてそこにある気がするから」

「その通り。いま、君が質問した答えのすべてがそこにある。
さぁ……、僕の胸に飛び込んでごらん。すべてを魅せてあげるよ」

ピノの胸の辺りを見ると、
『死』という文字が光り輝いていた。

僕は、『死』を抱きしめるようにして、
自ら、ピノの胸に飛び込んだ。

「死」という文字は解体され
「七夕」となった

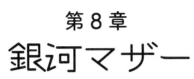

第8章
銀河マザー

「目覚めなさい……」
まぶたをゆっくり開けると、
僕は、火の鳥となり、無数の星たちが、
きらきらと瞬く宇宙空間を羽ばたいていた。

「目が覚めましたね。
これが、内なる宇宙です」

ゆめのように美しい銀河系が
広がっている。
広い宇宙空間を、ゆっくりと大きく
翼を羽ばたかせながら、
さまざまな恒星や惑星の間を、
とんでもないスピードで
すり抜けていく。

銀河系を抱いている、
美しい銀河系の女神さまが見えた。

一人ひとりの魂の奥底には
天の川銀河が内在し、死を経験すると
内なる宇宙から銀河系の中心へ還ることを
僕は知った。

天の川銀河を旅する。

これは、僕がずっと描き続けてきた、ゆめの果て。

僕は、愛に包まれている。

歓びに包まれている。

宇宙そのものだ。

突き進みながら、
あらゆる惑星に住む知的生命体、
つまり宇宙人を
感じ尽くすことができた。
どんな姿をしていて、どんな文化で、
どんな考えを持っているのか。
さらに、どんな景色に囲まれ、
どんな動物や植物が存在するのかまで、
詳しく観察することができた。
すべてが、想像を絶する美しさ。
宇宙は広かった。

僕がまだ体験していない世界は、この広い銀河系には何兆とある。

女神が、やさしくて深い声で話しかけてきた。

「あなたは、あらゆる星を、
これから何度も体験していくでしょう。
それは、あなたの願っている、いのちの願いだからです。
宇宙は、すべてが叶っています。ただただ、叶い続けています。

死のたびに、
天の川銀河を旅することができますが、観るだけです。
だからあなたたちは、
生まれるたびに星を選んで、
何度も体験することを選択するのです」

さらに銀河系の中心へと、一直線に突き進み続けると、
銀河の中心は、目もくらむような明るさで、
火の鳥である自分自身が見えなくなった。

「今は明るくて何も見えませんが、
このまままっすぐに突き進むと、
やがて数えきれないほどの太陽を、
渦に巻き込む"黒"が見えます。
それが、**ブラックホール**です。

そのブラックホールを突き抜けて、
私たちは銀河マザーの子宮に還ります。
意識をしっかりもちなさい。スピードを上げていきますよ」

その黒い球の中心に向かって、僕は飛び込む。
しばらく進むと、球体はとてつもなく大きいことに気がつく。
それとも、自分が小さくなっているのだろうか。
スピードが上がり、波動が高まり、どんどん光を追い越していく。
最後の光が視界から消えると、何も見えなくなった。

そこは、**黒の黒の黒　真っ暗闇**だ。

火の鳥であるはずの自分の光さえ、
追い越してしまった。

距離も、広さも、進んでいるのかも、
立ち止まっているのかもわからない。
前も後ろもわからない。何もかもを追い越していく。
ついには、どこに向かっているのかも忘れてしまった。

その時、ふと思い出した。
あれっ、そういえば、ピノがいない。

ピノ、どこ？

ピノ!!!

すると、どこかからか、ピノの声が聞こえてきた。

「最後まで一緒に行くことができなかったけど、
僕は、ここで離(はな)れるよ。
どうしても、寄っていきたい時と場所があるんだ。
そのまままっすぐ進めば、君は、次の世界へ辿りつける。
大丈夫！」

「ちょ、ちょっと待ってよ！」
僕は、必死に叫んだ。するとまたピノの声が聞こえた。
「本当の意味でのお別れは、存在しない。

僕は、すべてに **内在する神** だからね。

もし、このまま君の意識が回復し、９歳からやり直せた場合、
君のほうが僕のことを忘れているだろうね。

ここでの記憶は、完全に消去されるんだ。
そんな時でも、
僕が君から離れるなんて一瞬たりともありえないよ」

「じゃあ、また、逢える？
僕と君は、友情で結ばれてるんでしょ」

「もちろん、逢えるよ。
どちらにしても、多くの人間が、
大人になるまでに僕を完全に忘れる。
でも、忘れてもいいんだ。忘れるようにできているから。
それも、成長の一つ。

大切なのは、大人になってから、
また僕の存在を思い出すこと。

さぁ、いくんだ」

「でもっ……」

戸惑う僕に、ピノは明るい口調で言った。

「これは、君と僕との、ファーストコンタクトだ。
多くの大人たちは、内なる神に逢えることを疑（うたが）っている。
そして、信じていないから逢えない。
しかし、君なら、ここでの記憶をいつか思い出し、
たくさんの仲間に真実を伝えるだろう。

大人になった君が、楽しみだ！」

遠くのほうから、小さなヒカリの点が見えてきた。

進めば進むほど、僕はどんどん小さく解体されていく。
それと同時に、安心感は、どんどん膨れ上がっていった。

そのヒカリの点は、どんどん大きくなり、
ついにあの世界へ辿りついた。

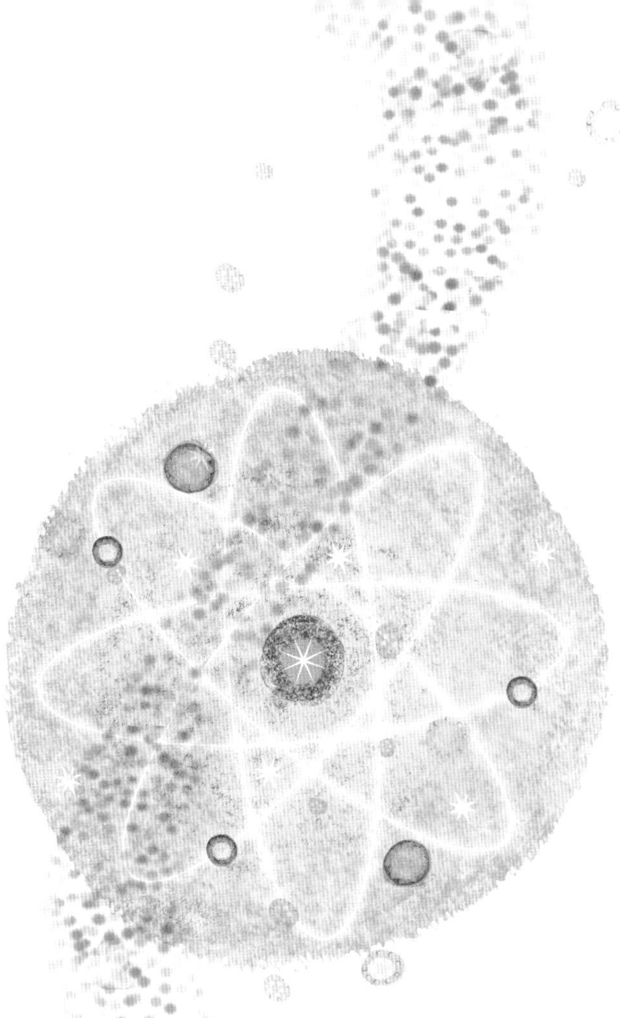

第9章
黄金の内なる山

おかえりなさい。
“いのち”のふるさとへ

僕の姿は、火の鳥ではなくなっていた。
体よりひとまわり大きな
ヒカリの透明な球体に包まれて、
その内側に、両手両足を大の字に広げた
半透明の身体をした僕がいる。
はらのあたりには、半透明の青色の地球。
これが、ヒカリの球体の核となっていて、
地球での記憶がすべてここに収められている。

気球がゆっくりと降りていくように、
ヒカリの球体に包まれた僕はゆっくりと降りていく。
すると暗闇の中に、キラキラ輝く光の粒でできた、
ピラミッドのような、
富士山のような形をした黄金に輝く山が、
僕の真下のほうにあった。

金と銀の粒が、ゆらゆらと光を放っている。
時に赤く、時に緑に、時に青に。

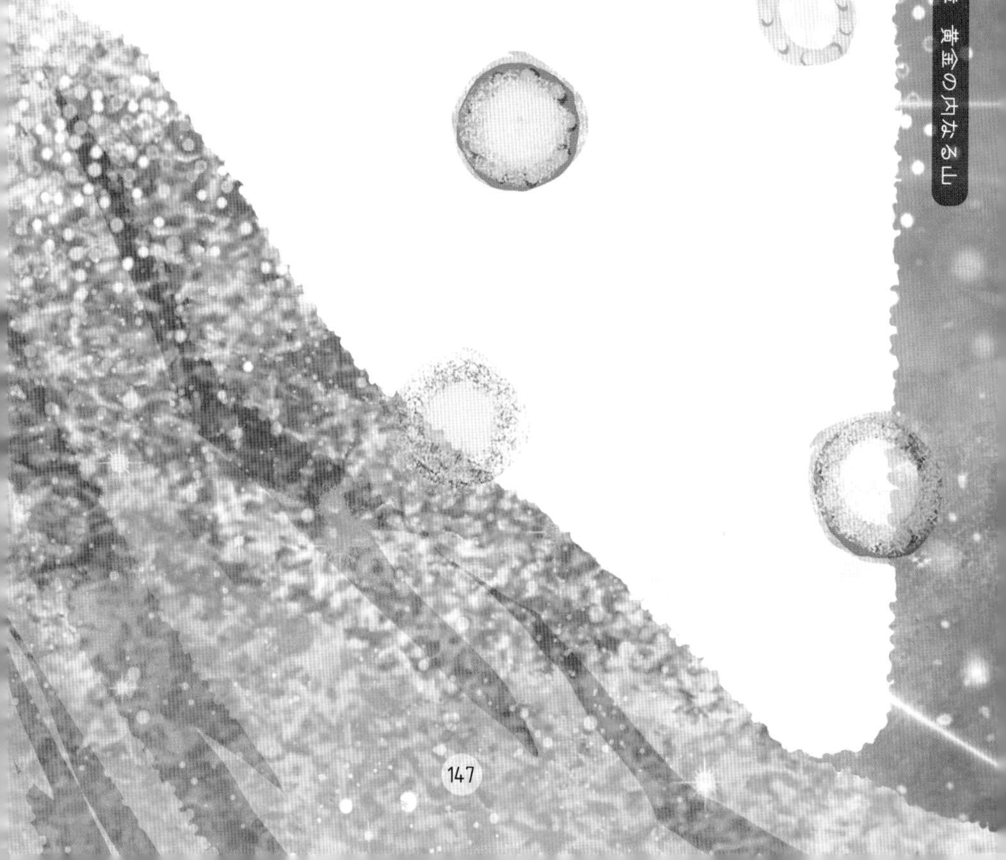

上のある一点から、
サラサラと砂のようにヒカリの球体がどんどん落ちてきて、
そこはまるで、ヒカリの粒の砂時計のようだ。

一粒一粒は大きさがバラバラで、
小さなものから、非常に大きなものまで、
まるっきり同じ速さで降りてくる。
どれ一つ同じものはなく、
どれ一つ、それより美しいものはない。

その時、一粒一粒は、「**願い**」だと気がついた。

銀河中、宇宙中の万物のすべては、
命が終わると、ここに還ってくる。

黄金に輝く内なる山とは、
銀河マザーの子宮の中にある胎盤だったのだ。

そのうちに、遠くから僕を呼ぶ声がする。
はじめは、お父さんやお母さんの声。
それから家族、友達、そして、大好きな人たちからの声。
まもなくすると、
愛する人たちみんなが、僕のそばに集まり、
笑顔で迎えてくれている。
不思議なことに、現在生きているはずの人たちも、
みんなここにいる。
逢ったことが一度もないご先祖(せんぞ)さまたちや、
これから生まれてくる人たちもたくさんいる。
やさしさと、あたたかさに、僕は包み込まれている。

「みんな、ありがとう」

僕は、そのまま、黄金に輝く内なる山に着床する。
地球の形をした核の中にあった映像フィルムの巻物が、
黄金の内なる山に広がり溶けてゆく。
僕は、やさしいあたたかい愛に溶かされ、
そのまま大きなヒカリとなって、すべてに解放され、宇宙になる。

そこで、知った。

宇宙は、万物すべての体験を
味わい尽くすために生まれた。
それが、宇宙そのものの、
いのちの願い。

あらゆるすべての体験がしたくて、
宇宙は、3次元世界※を創造したのだ。
この大歓喜のエネルギーで、
3次元世界すべてのエネルギーが循環（じゅんかん）している。

原子の周りで電子が回っていること。
銀河系が回っていること。
宇宙が膨張（ぼうちょう）し続けていること。
それらの動力源すべてが、大歓喜のエネルギー。

生と死を超えて、いのちは輪廻転生（りんねてんせい）を繰り返し、
経験や体験を宇宙に返すことで、
大いなるいのちは、永遠に循環し続けている。
ここには、すべてがある。

※3次元世界とは、縦、横の平面に、奥行がプラスされた空間。
私たちが、普段暮らしている現実の空間。

気がつくと、黄金の天井から、
ヒカリのしずくがゆっくりと押し出されるように、
僕は、さらなる次の異次元世界に誕生した。

ヒカリのしずくは、落ちて球体となり、
その球体が、半透明な僕を包みながら、
ゆっくりと浮かんでいると、
遠くのほうから、僕の周りに向かって、
幻想的な天燈（スカイランタン）がたくさんやってくる。
天燈（スカイランタン）は、くるくる横に回転しながら、
上に行ったり、下に行ったりと、
遊んでいるようにも見える。

一つひとつの天燈（スカイランタン）には、それぞれ別の映像が映っていた。
それは、今世の僕の記憶。
まさに、走馬灯（そうまとう）。
僕はひとつずつ確かめながら、
自分の記憶を辿っていく。
どの瞬間も見逃すことができないほどの大切な瞬間だった。

両親から愛されてきた日常。
大好きな友達との喧嘩（けんか）。
非常にたくさんの方々が亡くなった、飛行機の墜落（ついらく）事故。
人と人が殺し合う紛争。
意識不明の重体になった、今回の交通事故。

愛されたことだけでなく、個人的な悲しみや苦しみ、
世の中の大きな暗いニュースなど、
すべての経験が、
僕が、本当の僕に目覚めるためにつながっていると気がついた。
その時に選んだ感情とは別で、
魂から観れば、すべては「愛」でしかなかった。

このことで、自分が何者になりたかったかを思い出した。

その時だった。
願いの神さまが、僕と背中を合わせるように、
僕の後ろにすっと現れた。
彼女は、銀河マザーの化身（けしん）であり、もう一人の自分だと感じた。
時が止まったかのような瞬間だった。

「あなたの、いのちの願いは、なんですか？」

この瞬間。
数えきれないほどの地球のご先祖さまや、
天使たちが、耳を傾けている。
昆虫、動物たちも、静かに耳をすましている。
さらに、多次元の知的生命体や、銀河系の宇宙人たちも、
そばにいることが感じとれた。

ここに集まったすべてのみんなに
語りかけるように、僕は答えた。

「大感動で、世界をひっくり返すこと。

どうせなら一緒に、宇宙大の“MATSURI”を
始めようじゃないか!!!

亡くなった人たち、未来の地球人、宇宙中の星々のみんな、
多次元の知的生命体、動物、植物、万物すべてを巻き込むために、
僕は、ここにやってきた。

太古の太陽であることを思い出し、
一人ひとりが、銀河の塔として芽吹くことで、
地球はひらく。
すると、ドミノ倒しのようにして、
他の星々にも、開星は広がり、
その勢いのまま、一気にドバーっと幾何級数(きかきゅうすう)的に広がっていき、
ついには、銀河系をもひっくり返す。
そんなでっかいロマンを胸に、
いのちを輝かせ、みんなと一緒に笑いあって生きていきたい。

だから……僕は、地球に戻る!!」

僕のいのちの願いを聞いて、
ひとつ、またひとつと、うす暗い闇で、火が灯っていく。
火が灯ったヒカリの珠（たま）はゆっくりと、
天燈（スカイランタン）のように浮かび上がっていく。
そのヒカリの珠には、願い事が描かれており、
それと同時に、生命が誕生しているようだった。
信じられないほどの数のヒカリの珠が、
一気に浮かび上がっていった。

「なんか、その時代、今までになくおもしろそう！」
「その時代なら、もう一度、私も、地球に生まれ変わりたい！」
「なにが起こるのか、まったく予想がつかないけど、
一緒にできるなら楽しそう」
「私も、今度こそ、本気で挑戦してみたい」
「僕は、世界がひっくり返る全人類の姿を見てみたかったんだ」

「わたしも……」「ぼくも……」というふうに、
幾何級数的に、どんどんと火が灯り、
ヒカリの珠はどんどんと浮かび上がっていく。
集まった魂たちは、あっという間に、
1億、10億、30億……と、膨れあがった。
あらゆる場所から、大歓声があがっている。

「私たちの惑星でも、地球のように星を開くよ」
「僕たちは別の銀河系だけど、
まったく同じタイミングで開星していくね」
「ついには銀河系レベルの大きなドミノがどんどん倒れていき、
宇宙丸ごとひっくり返りそう！」
「それって、すごい!!」
「じゃあ、宇宙中のみんなで、
銀河の塔をもっと芽吹かせよう!!!」

僕は、いつのまにか、
黄金に輝く内なる山の世界に戻っていた。
荘厳（そうごん）なる鈴の美しい音色が、鳴り響いている。
小さな太陽からは高い音が、
大きな太陽からは低い音が鳴っている。
銀河系そのものが、回転する大きなオルゴールとなり、
鈴の音色が、内なる山に響きわたっている。

銀河マザーの化身である、願いの神さまは言った。

「スペインにあるサグラダ・ファミリア大聖堂（だいせいどう）も、
教会そのものが大きな楽器となっており、
天の川銀河の中でも、指折りの偉大なる銀河の塔のひとつです。
地球が開星していくタイミングに合わせて、
大聖堂が完成していきます。
サグラダ・ファミリアには、
黄金の内なる山の爆発したシーンがしっかりと描かれています。
私たちは、つながっています」

「親愛なる、宇宙大のDreamerよ。

さぁ、夢の世界へ、
あなたたちを届けましょう」

願いの神さまは、そう言い放つと、
宇宙の子守唄をゆっくりと力強く歌い始めた。
背中に響いてくる魂のふるえる歌声に、
僕は、涙があふれつづけた。

そうか。3次元の現実世界こそ、夢の世界で、
誕生してから亡くなるまでの間、ずっと、
僕らは、夢を見ているということなのか。

黄金に輝く、内なる山の裾野からは、
さらに幾何級数的に、
ヒカリの珠は、どんどん浮かび上がっていく。

その数は、90億を超えた。

僕は叫んだ。

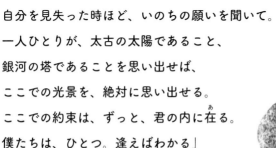

「ここにいる、地球に行くみんな—— !!!
3次元世界に行ったら、ここでの体験は、
すべて忘れてしまうだろうけど、
逢えるのを楽しみにしているよー！

自分を見失った時ほど、いのちの願いを聞いて。
一人ひとりが、太古の太陽であること、
銀河の塔であることを思い出せば、
ここでの光景を、絶対に思い出せる。
ここでの約束は、ずっと、君の内に在(あ)る。
僕たちは、ひとつ。逢えばわかる」

ついに、
100億ものヒカリの珠が、浮かび上がった、その瞬間。
すべてのヒカリの珠が、
偉大なる黄金の内なる山の上空に向けて、一気に駆け上がる。

宇宙の頂点で、猛烈(もうれつ)に圧縮(あっしゅく)され、
すべてのヒカリの珠が、究極の一点となるその瞬間。

宇宙大の花火が、大爆発!!

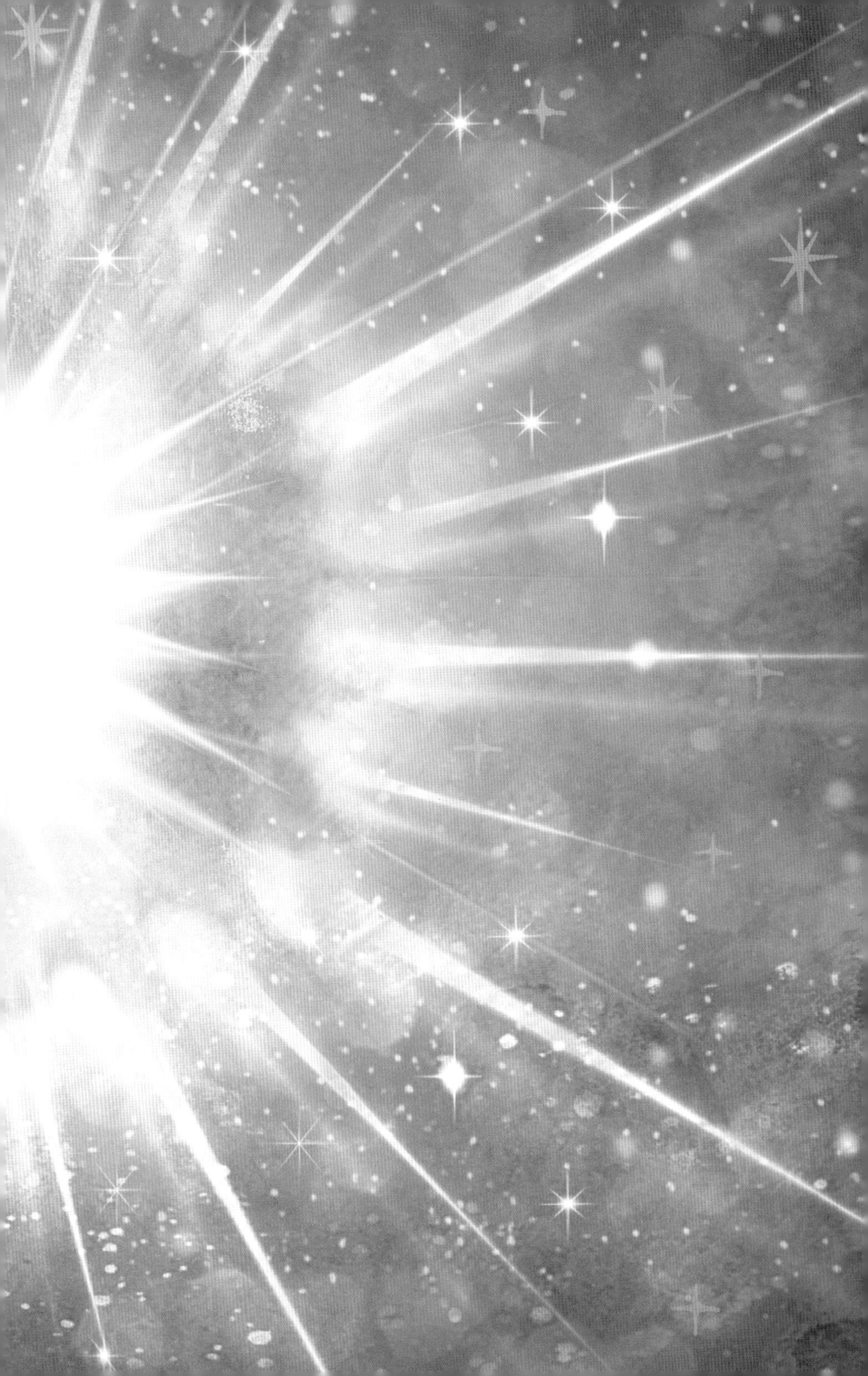

とんでもない衝撃によって、３次元宇宙の扉がひらき、
100億の魂が、一気に次元移動した。

一人ひとりが、
まず、自分が生まれる星を選び、
生まれる時代と、国と、町と、両親を選び、
「本当の自分」を体験できる環境を選ぶ。

それが、無意識レベルで行われ、

パパパパパッパパパパッパアパッパパパっと、

それぞれが、バッラバラになって、
時間軸がある３次元世界に張りついた。

いのちは、宇宙大で循環する

宇宙そのもの、“MATSURI”

第10章
太陽の塔からの招待状

目を覚ますと、そこは、病室だった。

そうか、あの時……
車とぶつかって、事故を起こしたんだっけ。

目を開けたまま、僕は、しばらく放心状態だった。
そんな僕に気づいて、お母さんが飛んできた。
「大丈夫？　目を覚ましたね。本当によかったね」と、
涙を流して喜んでいる。
お母さんの様子を見て、
大変な事故から生還できたことを実感した。

僕は、意識不明の重体だったらしい。
車にひかれて、8メートル引きづられ、
自転車はグチャグチャだったという。
車のブレーキの摩擦（まさつ）で、
自転車のタイヤのホイールはすり切れてしまい、
その一部がなくなっているほどの壮絶（そうぜつ）な事故だった。
頭を強く打って、頭にひびが入っており、
死んでしまう可能性が十分にあった。

一年半ほどは走るなどの激しい運動はできないと、
担当医に告げられたが、
奇跡的に、意識をとり戻したことが何よりもの救いだった。

そういえば、なにかとてつもなく長い夢を見ていた気がするが、
いったい、どんな夢を見たのか。
僕は、まったく覚えてなかった。

そんなことより、９歳の僕にとって、
大好きなドッジボールができなくなったことが、
なによりも寂しかった。
そんな僕を見て、お母さんが、初代ファミコンを買ってくれた。
当時は、世の中にテレビゲームというものが、
まったく浸透（しんとう）していない時代。
初代ファミコンが発売されてすぐのタイミングで、
僕はファミコンを手に入れた。
当時の少年たちにとってのファミコンは、
まさに、魔法のアイテムだった。

インターネットも、パソコンも、携帯も、
まだ誰も知らなかった時代。
コントローラーを動かすと、もう一人の自分が、
画面の中で動き回っている。
それだけで、ものすごく感動的だった。
カセットというものを交換するだけで、
あらゆるゲームの異次元世界を体験できる。
『ドラゴンクエスト』では、
ヒーローの感性と冒険することの面白さを知った。

特に、塔や地下ダンジョンには、必ず、
世界をひっくり返す宝が隠されていた。

さらに、小学3年生の頃に始まったアニメが『ドラゴンボール』。
悟空やその仲間たちが、ワクワクしながら、
未知の世界を冒険し、ドラゴンボールを集めていく物語。
神龍（シェンロン）の力を使いながら、あの世、銀河系、
そして異次元宇宙に行って、
宇宙人や神さまみんなと仲良くなって、
最後には、宇宙中、万物のみんなから、
希望のエネルギーを集めて、元気玉をつくり、
世界をひっくり返す。

日本の漫画（マンガ）、アニメ、ゲームによって、
世界のひっくり返し方を、徹底的に育てられてきたのが、
僕らの世代だった。

それから、20年……
僕は、『レトロタイムマシン』という名の
カフェのオーナーとなっていた。

”世界をひっくり返す秘密基地”をコンセプトにした、
おしゃれなカフェ。
一見すると、ただの漫画喫茶（きっさ）なのだが、
大人が遊び心を取り戻すため、
1980年代に流行（はや）った初代ファミコンのカセットなどで、
自由に遊ぶこともできた。
この店を作り出したイチバンの理由は、
大人になっていくにつれ、僕自身が、
夢や希望を完全に失ってしまい、
この先どうしたらいいのか、
まったくわからなくなってしまった時に、
「小学3年生の、無敵なあの頃の自分に戻りたい」と、
ふと思ったことが、きっかけだった。

しかし、ただ経営していても、
何か違うと感じるようになっていた。
毎日のように流れる暗いニュースを見て、
自分からもっと何かができるような気がしてきた。
でも、いったい自分に何ができるのか。
どうしたらいいのかわからず、途方にくれていた。
そんな時だった。
2005年、愛知県で万博が始まるということで、
世間は少し騒がしくなってきていた。
僕自身、万博に興味はないが、
大阪万博というものが過去にあったことを知り、
ふらっと大阪万博の跡地に出向き、
太陽の塔を初めて、僕は見た。

「なんだ、これは!!!」

太陽の塔の前に立っていると、
何かわからない大きなものに見られているようで、
まるで金縛りにあったかのような感じになった。

「本当の自分とは、なにか」と、
深く問いかけられているような気がした。

太陽の塔と向き合うと、
自分が、「本当の自分」を生きていないことに気がついてしまう。
と同時に、太陽の塔をじっと見続けることで、
純粋な気持ちがよみがえってくる。
そして、太陽の塔に、問いかけるように話しかけた。

「いのちを輝かせるには、
どうしたらいいですか？」

その瞬間だった。

上のほうでなにかが、キラリと光り、
突然、そのなにかが、天から降ってきた。
目の前に落ちてきたものを、よくよく見ると、

それは、1センチ四方(しほう)の、赤いカケラだった。

太陽の塔の両脇にある「赤い稲妻」という模様は、
無数の小さなタイルを貼り合わせて作られている。
なんと、そのひとつが落ちてきたようだ。

ずっと風雨に耐えながら、太陽の塔は、ここに立っている。
老朽化というなら、そんなに珍しいことじゃないのかもしれない。
しかし、よくよく赤いカケラを見てみると、
初代ファミコンのリセットボタンによく似ている。
まったく同じ色で、同じ大きさ。
それに触れることで、僕はリセットされ、
生まれ変われる気がした。

赤いカケラを拾い、手にした瞬間……

突然、
雷に打たれたような電撃が
体のてっぺんから、つま先へと走り、
真っ暗な宇宙空間に浮かぶ、
たったひとつの輝く太陽が見えたのだ!!

そして、
なにかが叫んだ。

情熱の火を灯せ!!!

それから僕は、
突き動かされるように、本能のままに生きた。

まず最初に始めたことは、映像を撮ることだった。

夢がわからなくなった僕だからこそ、
店を作った時のローンがまだ
2000万円以上残っている僕だからこそ、
僕の挑戦は、誰かの勇気になると思った。
未来の誰かが、この映像を観ていると信じることで、
僕自身のために、あきらめられない理由をつくった。

「魂から本当にやりたいことを問い続け、
純粋にそれをやっていくだけで、すべて、うまくいく」

この生きざまを、みんなに見せたかったし、
なにより僕自身が、世界（宇宙）をどこまでも、
本気で信じてみたかった。

１週間が過ぎた頃、
たまたま車を運転している時だった。

黄金に輝く富士山が脳裏（のうり）に浮かんだかと思うと、
それは鮮明に、僕の目の前に現れた。
黄金に輝く富士山の山頂から、大きな花火が打ち上がり、
でっかく爆発した瞬間、
大感動によって、世界中のみんなの心の扉が、
一気に開く姿が見えた。
僕は、感動で打ち震（ふる）えて、涙があふれて止まらなかった。

いったい、これはなんだ！？

このビジョンを、世界中のみんなに届けることで、
世界がひっくり返るような気がする。
どうにかして、そのビジョンを形にして、
大感動を世界に届けたい。

僕は、富士山の頂上から花火を打ち上げることを決めた。
さらに、みんなに自分の夢をハンカチに描いてもらうことで、
一人ひとりの心の扉を開き、
毎年、旧暦の七夕に、
富士山の頂上に『夢ハンカチ』を届けた。

2011年に起きた東日本大震災では、
福島、宮城、岩手県の被災された町のほとんどが、
神輿が津波に流されて祭りができないと、
同じ理由でみんなが落胆(らくたん)していた。
そこで、元気がない町の人や、日本を盛り上げるために、
瓦礫(がれき)で富士山の形をした神輿を作って、
被災地の子どもたちと一緒に夢を集めた。

どうせなら、被災地みんなの夢を、
富士山の山頂に届けようと、神輿をかついで、
被災地の岩手県から富士山の頂上まで 1000 キロを歩くと、
富士山頂には、約 1000 人の仲間が集まった。

1 万 2000 枚の夢ハンカチで噴火口を巻き、
富士山に"ドリームリング"が完成した。

被災地の子どもたちと作った日本一のアートは、
全国のハッピーニュースとなった。
このことで、旧暦の七夕に、
富士山の頂上に願いを届ける日本の大祭りは、
大震災がきっかけとなり、不死鳥のごとくよみがえったのだ。
それは、平安時代から、
富士を神と崇(あが)めていた日本人の念願(ねんがん)の夢でもあった。
被災地で、夢を集めていると、亡くなった大切な人への手紙を、
富士山の山頂へ託(たく)す人が、非常に多くいた。
または「富士山の頂上へ夢を届けるよ」と言っても、
夢を描けない子どももいた。

下を向いたままだったその女の子に、思わず僕は、
「じゃあ、世界中の夢を宇宙に届けよう！
宇宙ステーションの日本の実験棟『きぼう』に、
世界中の夢がドッキングすることで、
でっかい元気玉ができる。一緒に、星空を見ようよ！」と言うと、
その子は顔を上げ、口を大きく開けて、笑顔になった。

2012年7月。みんなの夢が叶い、
世界中の子どもたちの笑顔の写真データ約3000点は、
種子島（たねがしま）宇宙センターから、
ロケットで、宇宙ステーション『きぼう』へ届けられた。
じつは、みんなにはあまり言わなかったが、
世界中の夢を天まで届ける、
あきらめられない理由が、僕にはあった。
それは、天に願いを届け続けることで、
世界をひっくり返すような大感動を巻き起こす、
偉大なるビジョンが、
いつか、どこかから帰ってくると信じていたからだ。

そして、2018年3月頃。
1970年の大阪万博ぶりに、
太陽の塔の扉が開かれる日が差し迫った頃、
僕はある夢を見た。

それは、地底の太陽が超新星爆発して、仮面がはずされ、
100億年以上前の「太古の太陽」がよみがえり、
新時代の夜明けがやってくるという予知夢のような夢だった。

太陽の塔の扉が開かれる今こそ、
「地底の太陽」の正体を伝えるべきだと、僕は感じ、
約5万人の夢ハンカチを使い、
太陽の塔のすぐ裏にあるお祭り広場で、

世界最大のドリームアート
『よみがえれ、太古の太陽！』を仕掛けた。

この日は、芸術家として、僕自身が、
岡本太郎の意志を受け継ぐことを決めた日となった。

太陽の塔への内部公開は、抽選（ちゅうせん）だったのだが、
なんと僕は、１番目に太陽の塔へ入ることが決まった。
なぜかこの日を、
幼い頃からずっと待っていたような気がする。

太陽の塔とは、まさに、芸術界の天照大御神（あまてらすおおみかみ）。
日本の神話にもあるように、岩戸開きとして、
今、その扉が開かれる。
僕は特別な思いを持って、太陽の塔の内部に入った。
そこには、本物そっくりに制作された
太古の太陽のレプリカが用意されていた。

太古の太陽の前に立ち、
ゆっくりと、深呼吸をして、
僕は、まぶたを閉じた……

すると、心の中に、
ビジョンが浮かんできた。

そこは、宇宙の誕生から宇宙の終わりまでの映像が
無限に立ち並ぶ異次元空間。
すべての瞬間が、ステンドグラスに描かれていて、
淡(あわ)い光のグラデーションが、部屋の中に差し込んでいる。
その球体の真ん中に、僕は立っていた。

「おかえり。
よく、ここまでやってきたね」

懐かしい声が、心の内から聞こえてきた。
この声によって、
いろいろな大切なことを思い出した。
涙がどんどんあふれ出し、頬(ほほ)をつたう。

「……ピノ？　ピノだよね！」
「うん」
「ごめん。ずっと、僕は君のことを忘れてた」

「大丈夫。僕が君を忘れることはない。
君が絶望した日も、そばにいたよ」

「ありがとう。でもなぜ、僕はこの空間に？
ここは、どこ？」

「ここは、全宇宙の歴史が録画（ろくが）されている異次元空間。
今ここに、君は、たくさんの仲間を連れてきてくれた」

「？？？」

ピノが何を言っているのか、僕にはわからなかった。

「『銀河の塔』という、
君の本が、未来に出版されている。
その本は、世界中の子どもたち、
子ども心を大切にした大人たちに届けられた。
君の冒険を見ていた者たちが、今、
ここに招待されているんだ。
それは、信じられない数だよ」

「ここにいるの？」

「そう」

「僕には見えないけど……」

「見るんじゃない。”感じる”んだ。
感じようとするものが見えてくる。それが、宇宙だよ。
ここにいるみんなは、君の分身でもある。
みんなひとつだからね。

だから、君たちに問う。
ここに辿りついた理由は、どこかのタイミングで、
あなたたち自身が、『本当の自分を生きる』と決めたからだ」

そうして、ひと呼吸おくと、
とても大切な想いがあふれ出してきた。

僕とピノは、同時に語り始めた。

「一緒に、世界をひっくり返そうよ。

あなたは、泥沼（どろぬま）から立ち上がるハスの花。
泥が濃ければ、濃いほど、
ハスはスクっと立ち上がり、美しく咲き誇（ほこ）る。
混沌（こんとん）としている時代だからこそ、
あなたたちは、銀河の塔となり、無限に立ち上がる。

私は、あなたと出逢った。
それは、はるか宇宙からの果たすべき約束。

どうせなら、でっかい愛ある夢を生きてみないか？
挑戦することで、いのちは輝きはじめる。
全人類を大感動させて、
いのち輝く新時代の MATSURI を始めよう」

すると、ステンドグラスのような淡い光の映像を通して、
いつかやってくる“MATSURI”の光景が、
僕たちの目の前に、どんどん繰り広げられていった。

満天の星空を見上げ、
笑顔いっぱいで愛にあふれている世界中の子どもたちと、
その背後には、夢をあきらめないたくさんの大人たちが見えた。

天まで届くようなサーチライトを設置したり、
一人ひとりが、高輝度の懐中電灯を片手に持って、
世界中のあらゆる場所からいっせいに、銀河の塔を芽吹かせている。

「僕らは、この星にいるよ！

天まで届く、銀河の塔よ。さぁ、イッケーーーー！！！」と
いのちを爆発させ、宇宙にコンタクトする子どもたち。
また、別の場所では、
静かに、キャンドルに火を灯して、
宇宙のみんなから、いのちの声を受け取っている子どもたち。

世界中の人々が描く、
いのちの手紙や、宇宙の手紙が、
銀河の塔を通して、宇宙中に届けられている。

「ぜんぶ、自分」

万物すべてとの共感覚（きょうかんかく）を、人間は取り戻していた。

たくさんの人たちの
大歓喜の瞬間、大感動の表情を、僕らは見てみたい。
一人ひとりの輝いている感動の光景を見て、
僕らは目覚める。

「なんでもできる」って思える。
みんなの勇気が、未来の希望になる。
「人生って、素晴らしい。人間って、美しい。
生まれてきてよかった」って、
すべての者たちが、みんなで大感動できる。

これこそが、地球をオブジェにした、
全人類みんなが参加できる、
世界の最高峰（さいこうほう）の芸術作品だと感じた。

「あ、そうか！　ピノ、わかったよ。
発見したよ。バカみたいなことだけど、いい？」
「なになに？」
「いのちの輝きを宇宙に問うことで、銀河の塔となる。

つまり、
“問う”ことで、“塔”となる!!!」

！！？！！？！！

「もしかして、ダジャレ！？（笑）
ホント、バカなことを思いつくね。君は！！！」

ピノも、僕も、未来にいるみんなも、大笑いした。

続けて、ピノは言った。
「君は、ホント、センスがいい！
今、この瞬間にも、世界をひっくり返したね（笑）。
そう。世界をひっくり返すのに、
もっとも大切なものは『遊び心』なんだ」

この瞬間。
僕たちは、みんなと仲良くなれた。

「じゃあ、ピノ。
そろそろ、太陽の塔の扉を開くよ」

「その扉を開くと、そこには、小学３年生の君がいる。
彼が体験したことすべてを、しっかりと観察してほしい」

「未来では、それが本となり、世界に届けているんだよね」

「君のおかげで、たくさんの未来の子どもたちが、
無敵のスーパーヒーローになれた。
あの頃の君が、
本物の無敵のスーパーヒーローだったからだよ」

「ありがとう。
でもそれは、君が僕をずっと信じてくれたから。

ピノ。

最後に、一つ、お願いしていいかな。

僕は、世界中のみんなの心に、ピノを届けたい。

すべての人の内には、神さまが存在するけど、
ピノみたいに可愛い存在だったら、
もっといいと思うんだ。
神さまと対話がしやすいし、友情もあって楽しくなれる。

だから、今ここから、宇宙のモニターを通して、
魔法の言葉を叫びたい」

「魔法の言葉？」

「一人ひとりの心の奥に潜んでいる
内なる太陽を、よみがえらせる言葉なんだ。

誰かが人生で、思い悩む時、
絶望して、心を閉ざしている時、
真っ暗で何も見えなくなっている時こそ、
心の奥底の深いところへ、
火種は届き、芽吹き、
立ち上がり、世界はひっくり返るはずなんだ。

じゃあ、もう行くね。ピノ」

僕は、太陽の塔の扉をひらき、
全身全霊で、いのちを爆発させて叫んだ。

情熱の火を灯せ!!!

太陽は人間生命の根源だ。

惜しみなく光と熱をふりそそぐ、

この神聖な核。

われわれは猛烈（もうれつ）な祭りによって

太陽と交歓（こうかん）し、

その燃えるエネルギーにこたえる。

岡本太郎

※生命の樹の頂上にあるメッセージ
（『太陽の塔』平野暁臣 編著／小学館クリエイティブ）

おわりに

親愛なる、宇宙大のDreamerへ

この物語は、内なる神との出逢いの本です。

私の尊敬する井口潔(きよし)先生が、
2021年の9月、99歳でお亡くなりになられました。
九州大学医学部 付属病院長をお務めになり、九州大学 名誉教授
になられた方で、あと1カ月で100歳になる手前でした。
脳外科医でありながら、ビッグバンから、生命の進化論を
伝えてくれた先生で、亡くなる直前まで、命をかけて教育の最前線を
走っている、まさにサムライのような方でした。

この先生から教わったことで、忘れられないことは、
「ヒト」は教育によって「人間」になる。
内なる神を創り上げることが、教育(道徳)の目的である。

とおっしゃられたことでした。
これは、私にとって衝撃的なことであり、人類のことを
本気で深く純粋に考え抜いた人の言葉だなとも感じました。

私自身、夢を描いたハンカチを集め続けた動機は
もっと大いなる自分に逢いたかった、
もっと偉大なる宇宙を知りたかっただけでした。
そして、実体験を元にして、
20年をかけて、ついにこの本が誕生しました。

では、内なる神とは、一体なにか？
それは、時間も空間も超越した、本当のあなた自身なのです。
私は、内なる神を、『宇宙大のDreamer』と名づけました。

夢ハンカチを、数十万枚、世界中から集めてきてわかったこと。
それは、人間の正体が、“願い”だということでした。

だから、あなたは、内なる声を
どこまでも、どこまでも、純粋に聞き続けるだけでいい。
それだけで、誰もが、宇宙大のDreamerになれる。
すごく、シンプルなことなのです。

この宇宙は、すでに完璧で、
しなければならないことは、何一つありません。
だから、純粋に、愛ある夢を生きるだけでいいのです。

あなたも、
リアルとファンタジーの大冒険を始めませんか？

これからどんな時代をつくっていきたい？
どんな人生を選びたい？
どんな自分で在り続けたい？
どんな仲間と一緒に、生きていきたい？

あなたは、宇宙大のDreamer。
そんな一人ひとりが、すでに目覚めていることに、
目覚めていくだけなのです。
すると、この世界観を通して、どんどん仲間が集まり、
世界中に、コミュニティが作られていくでしょう。

大バカ者かもしれないけれど、
僕は、宇宙中のみんなと、宇宙大で遊んでみたい。
何度も言うが、みんなで大感動して、
本気で、世界をひっくり返したいだけなんだ。
もしかしたら、宇宙って、
そんな遊び心から始まったんじゃないかな。

さぁ一緒に、宇宙大で遊ぼう！

芸術家　大志

これは、あなたの物語。

あなたが、ここに生まれてきてくれたことが、
どれだけ尊く、素晴らしいことか。

何にでも生まれることができる中で、
あなたが、あなたを選んで生まれたことが、
私は、うれしくてたまらない。

すべての出会いは、ずっとある。宇宙の中に、ずっとある。
消えるものや、失われるものなど、ひとつもない。

あなたとの愛のつながりが、宇宙を果てなく輝かせる。
私は、あなたと、出会えてよかった。

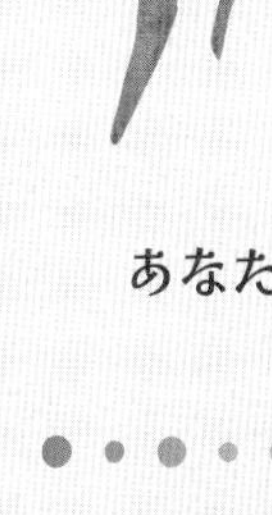

生まれる前も、生きているときも、死んだ後も、
あなたがあなたとして、ここにいる。

そんな宇宙が、大好きだ。

あなたがここにいる宇宙を、私はどこまでも、愛している。

[引用文献]

第２章
P33『太陽の塔』(P45) 平野暁臣 編著／小学館クリエイティブ
P40『青春とは』新井満 著／講談社
第３章
P53『太陽の塔』(P12) 平野暁臣 編著／小学館クリエイティブ
第６章
P110『太陽の塔』(P16・P18) 平野暁臣 編著／小学館クリエイティブ
P111『太陽の塔』(P130) 平野暁臣 編著／小学館クリエイティブ
第10章
P192『太陽の塔』(P3) 平野暁臣 編著／小学館クリエイティブ

[参考文献・資料]

『「太陽の塔」新発見！』平野暁臣 著／青春出版社
『太陽の塔』平野暁臣 編著／小学館クリエイティブ
『万博入門　新世代万博への道』平野暁臣 著／小学館クリエイティブ
『謎解き　太陽の塔』石井匠　著／幻冬舎新書
『生物学的視点からの教育の見直し』井口潔 著／ヒトの教育の会
『火の鳥　大解剖』手塚プロダクション　監修／三栄
NHK スペシャル『シリーズ　スペース・スペクタル』第２集「見えた！ブラックホールの謎」

芸術家　大志（タイシ）

京都生まれ、三重県桑名市育ち。
近畿大学商経学部商学科卒業後、子ども達の秘める可能性を広げたいとの想いから、「壮大な宇宙」を伝える予備校講師となる。リクルートの学び事業部に転職し、東海・北陸地区の高校をまわり、講演活動を開始。

2003 年、秘密基地的カフェ『レトロタイムマシン』を創業。
2005 年、夢ハンカチを世界中に無償で提供し、富士夢祭りを開催。
　　　　愛知万博をカウントダウンする店の様子が、テレビで生中継される。
2007 年、旧暦の七夕に、ホピ族などと共に世界同時で七夕祭りを開催。
2008 年、ドキュメンタリー映画の監督・編集としてデビュー。
　　　　富士山頂で、皇太子殿下（現・天皇陛下）からお声をかけられる。
2011 年、9 月 11 日、東日本大震災の被災者の夢を描いたハンカチ 1 万 8000 枚を集め、石巻市で虹色の巨大ドリームアートを完成。
　　　　サーチライトで、アメリカのグラウンドゼロとつなげる。
　　　　その模様はロイターを通して世界 100 ヵ国以上に報道された。
2012 年、富士山頂に神輿で願いを届ける七夕祭りを、約 150 年ぶりに復活させる。
　　　　そのタイミングで、富士山が世界文化遺産となる。
2021 年、『宇宙大花火』を世界遺産の三保の松原などで、毎年開催。
2025 年、大阪・関西万博に向けて、『銀河の塔』や、
　　　　いのち輝く新時代の “MATSURI” を仕掛けている。

公式 LINE アカウント
『コミュニティ・銀河の塔』

銀河の塔アートプロジェクト
https://www.uchu-matsuri.com/

Publishing Agent　山本時嗣（株式会社ダーナ）
https://tokichan.com/produce/

銀河の塔
いのち輝く新時代の MATSURI

2024年04月14日　第1版第1刷発行

著　者　芸術家 大志

絵・デザイン　藤井由美子
ストーリー共創　内山茉莉子
編　集　澤田　美希

発行者　大森　浩司
発行所　株式会社 ヴォイス　出版事業部
〒106-0031 東京都港区西麻布 3-24-17 広瀬ビル
☎ 03-5474-5777（代表）
FAX 03-5411-1939
www.voice-inc.co.jp

印刷・製本　株式会社シナノパブリッシングプレス

ISBN978-4-89976-566-0 C0011